数字乡村

——新疆乡村振兴高质量发展的方向

陈 兵 杨 雪 王 皓 左臣明 马九杰 著

中国商务出版社

·北京·

图书在版编目（CIP）数据

数字乡村：新疆乡村振兴高质量发展的方向/陈兵
等著. --北京：中国商务出版社，2024.3
ISBN 978-7-5103-5072-6

Ⅰ.①数… Ⅱ.①陈… Ⅲ.①数字技术—应用—农村
—社会主义建设—研究—新疆 Ⅳ.①F327.45

中国国家版本馆 CIP 数据核字（2023）第 251040 号

数字乡村——新疆乡村振兴高质量发展的方向

陈 兵 杨 雪 王 皓 左臣明 马九杰 著

出版发行：中国商务出版社有限公司
地　　址：北京市东城区安定门外大街东后巷 28 号　　邮　　编：100710
网　　址：http://www.cctpress.com
联系电话：010—64515150（发行部）　　010—64212247（总编室）
　　　　　010—64243656（事业部）　　010—64248236（印制部）
责任编辑：谢星光
排　　版：北京天逸合文化有限公司
印　　刷：新疆新华华龙印务有限责任公司
开　　本：700 毫米×1000 毫米　1/16
印　　张：13.75　　　　　　　　　　字　　数：201 千字
版　　次：2024 年 3 月第 1 版　　　　印　　次：2024 年 3 月第 1 次印刷
书　　号：ISBN 978-7-5103-5072-6
定　　价：88.00 元

2019 年，国家发布《数字乡村发展战略纲要》，提出"数字乡村既是乡村振兴的战略方向，也是建设数字中国的重要内容"。之后陆续发布行动计划、建设指南、标准指南等一系列政策，为数字乡村建设做好顶层设计。

2021 年，我们在新疆维吾尔自治区党委网信办的支持下开展数字乡村研究。2022 年，对全疆各县市区（以下简称县域）进行调研，获取县域数字乡村重点任务实施率，同时选取了 11 个案例，从实施率、场景两个维度描述新疆数字乡村发展。2023 年，通过进一步对县域数字乡村发展进行评价，从实施率、场景、综合评价等更多维度反映新疆数字乡村发展成效。

从实施率、综合评价结果来看，新疆数字乡村建设仍处于起步阶段，建设效果尚未显现。但在连续两年的现场调研中，我们看到许多县域、企业高度重视数字乡村建设，持续进行有益探索，我们总是被他们的激情奋斗感染，对新疆数字乡村发展充满了信心。

新疆农牧资源具有得天独厚的优势，正在推进的"八大产业集群"大部分和数字乡村建设紧密相关，两者间的互相促进机制进一步提升了新疆数字乡村建设的竞争优势，新疆数字乡村建设前景广阔。

正是为数字乡村发展的前景所吸引、为县域的实践所激励，我们撰写本书为新疆数字乡村建设添砖加瓦。感谢新疆维吾尔自治区党委网信办、相关部门以及为本书提供场景的县域政府和企业的支持，让我们一起汇入数字乡村建设的洪流，一直向前。

2019 年 5 月，中共中央办公厅、国务院办公厅印发《数字乡村发展战略纲要》，部署了加快乡村信息基础设施建设、发展农村数字经济、强化农业农村科技创新供给、建设智慧绿色乡村等十项重点任务；2020 年，中国数字乡村建设加快推进，中央网信办、农业农村部等有关部门相继发布《数字农业农村发展规划（2019—2025 年）》《2020 年数字乡村发展工作要点》以及《关于开展国家数字乡村试点工作的通知》；2021 年，中央一号文件《中共中央　国务院关于全面推进乡村振兴加快农业农村现代化的意见》，提出实施数字乡村建设发展工程；2022 年 1 月，中央网信办等十部门印发《数字乡村发展行动计划（2022—2025 年）》，部署了八个方面的重点行动，设立了乡村基础设施数字化改造提升工程等七项重点工程；2022 年 8 月，中央网信办等四部门印发《数字乡村标准体系建设指南》，提出结合本地实际，扎实有序推进数字乡村建设。

数字乡村的兴起，既是城市化进程的延伸，也是对传统农村发展模式的一种创新和改革，为乡村振兴提供数据支撑和决策参考。2021 年全国数字乡村发展水平达到 39.1%，其中东部地区为 42.9%，中部地区为 42.5%，西部地区为 33.6%。高于全国平均水平的有北京、天津、上海、浙江等十二个省份。新疆数字乡村发展水平低于全国平均水平，但是新疆数字乡村发展的有利条件较多，发展潜力很大。为推进新疆数字乡村建设，2021 年新疆数字经济研究院（以下简称研究院）着手研究新疆数字乡村发展情况；2022 年，研究院撰写第一份新疆数字乡村发展研究报告；2023 年，研究院继续撰写第二份新疆数字乡村发展研究报告；基于以上两份报告，本书利用数据、图表及疆内外 20 个数字化场景，带领读者更深刻地了解新疆数字乡村发展现状、问题和需要的支持，从而积极地参与到乡村数字化转型升级的工作中。

本书共分为六章。

第一章，全国数字乡村发展概述。本章介绍我国数字乡村发展的背景、历程、现状和趋势。首先，从数字技术的大力普及、农村经济结构转型升级的需求、农村基础设施建设的改善、政府不断加大政策支持和财政投入、农村劳动力老龄化水平的提升五方面介绍我国数字乡村发展的背景。其次，通过 2018 年至今的数字乡村有关政策反映我国数字乡村发展历程，随后阐述我国目前数字乡村发展情况。最后，预测我国数字乡村发展趋势。

第二章，新疆数字乡村发展分析。本章第一节介绍新疆数字乡村发展现状。第二节介绍新疆农村、农产品网上销售现状，对比新疆县域与城区网络零售发展情况，详细展现近四年新疆各类农产品网上销售情况。从《数字乡村发展行动计划（2022—2025 年）》要求的八项重点任务来看，新疆各县域均已开展数字乡村建设，且实施的重点任务数量不少于四项；97.65% 的县域至少在五项重点任务中进行了探索实践；84.71% 的县域至少在六项重点任务中进行了探索实践；51.76% 的县域至少在七项重点任务中进行了探索实践；八项重点任务全部实施的县域达到 11.76%。但是，新疆数字乡村发展仍处于初期阶段，需要投入更多的精力和资源。第三节通过设计数字乡村发展评价指标体系，计算新疆各县域数字乡村发展指数，分析新疆数字乡村发展情况，为新疆县域发展数字乡村提供决策参考。

第三章，数字乡村场景——疆外篇。本章选取了东西部协作推进、农产品直播电商、农村普惠金融、县域物流共配体系四个领域的数字化建设场景。贵州省黔南州、毕节市等多个地区展开乡村振兴合作，充分发挥东部地区的先发优势，搭建西部地区的数字乡村发展体系，以东西部地区协作形式共同推动数字乡村发展。阿里巴巴通过实施"村播计划"、联合开设"村播讲堂"，使直播电商下沉到农村，帮助农产品销售打开新渠道。网商银行研发"大山雀"农村金融风险控制系统（以下简称"大山雀"系统），将卫星遥感技术以及人工智能技术应用于农村金融风险识别，助力农村普惠金融。菜鸟集团乡村事业部通过数字化手段搭建自动化分拣物联网设备，利用数字技术赋能降低成本从而激活基层站点，升级农产品数字供应链和品牌能力等打造县域物流共配体系。

第四章，数字乡村场景——疆内篇。本章选取了九个县域乡村数字化转型升级场景。乌苏市建立智慧水务中心，依托互联网、大数据、云服务、数据融合、开放共享等新技术，对实现水利信息化、现代化进行探索与实践。玛纳斯县利用卫星遥感监测、物联网设备等智能装备，推广智能化节水滴灌系统，打造"水肥一体"数字农田，实现了智慧节水。库尔勒市利用卫星遥感技术和物联网技术，搭建香梨数据中心，实现库尔勒香梨产业智慧生产、数字化交易及数字产业服务。和田市构建"服务网商+区域品牌+产业融合"的电商助农服务模式，通过"抓服务、惠网商""创品牌、优品质""精帮扶、促融合"等手段助力农产品销售。克拉玛依区小拐乡建立"183"乡村治理体系，搭建"线上+线下"积分管理、基层减负"一张表"、"互联网+医疗健康"、"互联网+教育"、"互联网+信用体系"、"互联网+旅游"、数字牧业、数字农业等八个数字化应用场景，实现乡村治理可视化、数字化、智能化。乌鲁木齐市下辖的乌鲁木齐县与新疆电信合作，共同打造"智慧大屏、新翼数乡、天翼云眼、乡村电视台、积分管理"等多个数字化平台，以数字化赋能、场景引领的模式，实现数字赋能乡村治理。霍尔果斯市卡拉苏社区搭建了智慧社区平台，引入积分制管理方法，实现基层社会数字化治理。温宿县打造"一村一主题特色"模式，通过搭建数字"驾驶舱"，赋能乡村治理、便民服务、产业大脑、共富管理以及农文旅全域旅游场景。哈巴河县构建"一网统管"工作体系，打造系统平台，建立数据共享渠道，实现县、乡、村三级用户的数据全面覆盖。

第五章，数字乡村场景——平台篇。本章选取了农业、畜牧业两个行业的七个数字化转型升级场景。新疆疆天航空科技有限公司打造棉花种植管理全程遥感监测及社会化服务平台，提供播种前土壤含水量监测、保苗情况监测、长势监测、健康度监测等共十项数字化服务，满足新疆棉花大田种植与管理的数据应用需求。新疆七色花信息科技有限公司通过建设和运营新疆畜牧兽医大数据平台，对畜牧行业的数据进行聚合、分析，实现实时业务分析、直观动态展示，推动畜牧行业数字化升级。新疆绿洲驼铃农业发展有限公司打造标准化绿洲智慧农场，开发绿洲农场管理共享平台，将农事活动、物联网设备、耕种管收各环节产生的大数据，以及生产资料采购、资金流转、分析决策模型组织到一起，使绿洲农场管理共享平台数字赋能智慧农场。德汇好物科技股份有限公司建立水果全产业链研发中心，建成德汇好物 PC 管理端和德汇好物小程序端，推动新疆水果全产业运营。巴州疆陶农哥电子商务有限公司开发线上疆陶甄选平台，通过提供农产品信息、产品导航、操作指南等服务推动农副产品产业升级。新疆塔城市鑫塔农牧科技（集团）有限公司立足于玉米产业，打造"数字玉米"平台，重构现代农业生产、经营、管理和服务体系，以数字化平台为桥梁，实现种植管理全面数字化托管服务。新疆西帕新农业科技有限公司深度探索卫星遥感、大数据、人工智能等现代技术，推出新疆番茄大数据平台，赋能新疆番茄产业数字化转型升级。

第六章，新疆数字乡村发展建议。通过对比新疆与全国数字乡村发展情况及对新疆县域数字乡村发展现状的调研，总结新疆数字乡村发展过程中存在的问题和需要的支持，并提出发挥政策、资金在数字乡村建设中的引导作用的解决方法；自治区层面构建数字化底座，加快数字乡村发展；探索先进运营机制，降低县域数字乡村建设难度；培训、评价相结合，保障数字乡村建设效果四条建议。

附录部分主要包括国家各级政府单位出台的数字乡村发展相关政策列表、2023 年新疆数字乡村建设试点地区名单及《数字乡村发展行动计划（2022—2025 年）》全文。

目录 *Contents*

第
一
章

全国数字乡村发展概述

2019 年 5 月，中共中央办公厅、国务院办公厅印发了《数字乡村发展战略纲要》。《数字乡村发展战略纲要》将数字乡村定义为伴随网络化、信息化和数字化在农业农村经济社会发展中的应用，以及由于农民现代信息技能的提高而内生的农业农村现代化发展和转型进程。这既是乡村振兴的战略方向，也是建设数字中国的重要内容。数字乡村的建设旨在缩小城乡数字鸿沟，促进农村经济的现代化和农民生活质量的提升。

第一节　数字乡村发展背景

数字乡村发展背景包括以下几个方面：

一是数字技术的大力普及。随着信息通信技术的迅猛发展，数字技术在农村地区的应用越来越广泛。农村地区的互联网覆盖率逐渐提高，人们对数字技术和信息化的需求也越来越强烈。截至 2023 年 6 月，我国网民规模为 10.79 亿人，较 2022 年 12 月增长 1109 万人，互联网普及率达 76.4%。其中，城镇网民规模为 7.78 亿人，农村网民规模为 3.01 亿人，网民使用手机上网的比例达 99.8%；使用台式电脑、笔记本电脑、电视和平板电脑上网的比例分别为 34.4%、32.4%、26.8% 和 28.6%。[①]

二是农村经济结构转型升级的需求。传统的农村经济结构主要以农业为主，面临着农产品销售渠道单一、农民收入有限等问题。数字技术的应用可以促进农村经济结构的转型升级，提高农村地区发展农业现代化、工业化水平。2023 年上半年，全国农村网络零售额为 1.12 万亿元，同比增长 12.5%。其中，农村实物商品网络零售额为 1.02 万亿元，同比增

---

① 数据来源：第 52 次《中国互联网络发展状况统计报告》。

长 11.3%。①

三是农村基础设施建设的改善。数字乡村发展需要良好的基础设施支持，包括宽带网络覆盖、电力供应、物流和交通等。基础设施建设的改善，为数字乡村发展创造了条件。据统计：到 2021 年底，我国综合交通网总里程突破 600 万千米，220 千伏及以上输电线路长度达 84.3 万千米，光缆线路总长度达 5481 万千米，分别相当于 10 年前的 1.3 倍、1.7 倍和 3.7 倍，水库总库容达 9035 亿立方米，高速铁路、高速公路、电网、4G 网络规模等长期稳居世界第一。此外，我国现代化基础设施网络体系不断完善，布局更加合理，高标准高品质基础设施比例不断提高。高速铁路对百万人口以上城市覆盖率超过 95%，高速公路对 20 万人口以上城市覆盖率超过 98%，民用运输机场覆盖 92% 左右的地级市，具备条件的建制村实现通硬化路、通宽带、直接通邮，农村自来水普及率提高到 84% 左右，4G、5G 用户普及率达到 87% 左右。②

四是政府不断加大政策支持和财政投入。政府对数字乡村发展的重视程度逐渐提高，并提出了一系列政策措施和资金支持，鼓励农村地区推进数字化转型，促进数字乡村发展。由 2018 年中央一号文件首次提出"实施数字乡村战略"，一直到 2023 年中央一号文件提出"深入实施数字乡村发展行动"。国家对数字乡村建设十分重视，决心以数字乡村引领乡村振兴。

五是农村劳动力老龄化水平的提升。随着城市化进程的推进，农村劳动力结构发生了变化，不少年轻人选择离开农村去城市工作，导致农村人口结构严重失衡。据中央财经大学发布的《中国人力资本报告 2023》显示，截至 2021 年底，我国劳动力平均年龄已逼近 40 岁，其中农村男性劳动力已超过 40 岁。农村劳动力是数字乡村发展的基础和关键，在推进乡村产业升级，缩小城乡数字鸿沟中发挥重要作用。

数字乡村发展是适应数字时代要求的农村发展新模式，它借助数字技

---

① 数据来源：《2023 年上半年中国网络零售市场发展报告》。

② 数据来源：新华社"基础设施整体水平实现跨越式提升——国家发展改革委新闻发布会聚焦重大基础设施建设"。

术和信息化手段，推动了农村地区经济转型升级、农民生活水平提高、农村社会文化发展等多方面的变革。

第二节　数字乡村发展历程

2019 年 5 月，中共中央办公厅、国务院办公厅印发了《数字乡村发展战略纲要》，提出要将数字乡村作为数字中国建设的重要方面，加快信息化发展，整体带动和提升农业农村现代化发展。进一步解放和发展数字化生产力，注重构建集知识更新、技术创新、数据驱动为一体的乡村经济发展政策体系，注重建立层级更高、结构更优、可持续性更好的乡村现代化经济体系，注重灵敏高效的现代乡村社会治理体系，开启城乡融合发展和现代化建设新局面。

《数字乡村发展战略纲要》战略目标分为四个阶段，在阶段建设过程中，国家出台了多项政策，全面推进数字乡村建设。

第一阶段：2018—2020 年数字乡村取得初步进展。全国行政村 4G 网络覆盖率超过 98%，农村互联网普及率明显提升。农村数字经济快速发展，建成一批特色乡村文化数字资源库，"互联网+政务服务"加快向乡村延伸。网络扶贫行动向纵深发展，信息化在美丽宜居乡村建设中的作用更加显著。

2018 年 1 月 2 日，中央一号文件《中共中央　国务院关于实施乡村振兴战略的意见》首次提出"数字乡村"概念，对实施乡村振兴战略进行了全面部署。

2018 年 9 月 29 日，中共中央、国务院印发《乡村振兴战略规划（2018—2022 年）》，按照产业兴旺、生态宜居、乡风文明、治理有效、生活富裕的总要求，对实施乡村振兴战略作出阶段性谋划，是统筹谋划和科学推进乡村振兴战略的行动纲领。

2018 年 11 月 15 日，中央网信办、农业农村部等在江苏南京举办数字乡村发展论坛，强调加快建设数字乡村，扎实推进数字乡村战略实施，引领乡村振兴。

2019 年 1 月 3 日，中央一号文件《中共中央　国务院关于坚持农业农村优先发展做好"三农"工作的若干意见》，明确要求深入推进"互联网+农业"发展。

2019 年 2 月 2 日，农业农村部办公厅印发《2019 年农业农村市场与信息化工作要点》，明确指出加快数字农业农村建设，夯实农业农村市场化信息化品牌化工作基础，探索重要农产品全产业链大数据建设。

2019 年 5 月 16 日，中共中央办公厅、国务院办公厅印发《数字乡村发展战略纲要》，明确分四个阶段实施数字乡村战略，明确数字乡村发展十大重点任务。

2019 年 7 月 17 日，农业农村部办公厅印发《关于全面推进信息进村入户工程的通知》，全面推进信息进村入户工程。

2019 年 11 月 15 日，数字农业农村发展论坛发布《中国数字乡村发展报告（2019)》，报告全面总结了我国数字乡村建设的阶段性进展和经验探索，分析了当前面临的形势，展望了未来发展前景，是对当前数字乡村发展情况的集中呈现。

2020 年 1 月 20 日，农业农村部、中央网信办印发《数字农业农村发展规划（2019—2025 年)》，明确了新时期数字农业农村建设的思路，要求以产业数字化、数字产业化为发展主线，着力建设基础数据资源体系，加强数字生产能力建设，加快农业农村生产经营、管理服务数字化改造，强化关键技术装备创新和重大工程设施建设，全面提升农业农村生产智能化、经营网络化、管理高效化、服务便捷化水平，以数字化引领驱动农业农村现代化，为实现乡村全面振兴提供有力支撑。

2020 年 5 月 8 日，农业农村部办公厅印发《2020 年农业农村部网络安全和信息化工作要点》，明确大力实施数字农业农村建设、深入推进农业数字化转型、扎实推动农业农村大数据建设、进一步夯实农业农村信息化工作基础等四个方面二十一项重点任务。

2020 年 5 月 9 日，中央网信办等四部门印发《2020 年数字乡村发展工作要点》，明确了 2020 年数字乡村发展的工作目标，包括农村信息基础设施建设加快推进，基本实现行政村光纤网络和 4G 普遍覆盖；农业农村数字化转型快速推进，遥感监测、物联网、大数据等信息技术在农业生产经营管理中广泛应用；乡村数字普惠金融覆盖面进一步拓展；以及网络扶贫行动目标任务全面完成。中央网信办等部门部署了八个方面二十二项重点任务。

2020 年 6 月，农业农村部、国家发展改革委会同规划实施协调推进机制 27 个成员单位编写的《乡村振兴战略规划实施报告（2018—2019 年)》出版发布，提出 31 个省（区、市）全部建立实施乡村振兴战略工作领导小组，一级抓一级、五级书记抓乡村振兴的责任体系基本建立。省级乡村振兴战略规划全部出台，大部分市县出台了地方规划或方案，上下衔接的规划体系初步形成。

2020 年 7 月 18 日，中央网信办等七部门印发《关于开展国家数字乡村试点工作的通知》，明确到 2021 年底的工作目标，提出开展数字乡村整体规划设计、完善乡村新一代信息基础设施、探索乡村数字经济新业态、探索乡村数字治理新模式、完善"三农"信息服务体系、完善设施资源整合共享机制、探索数字乡村可持续发展机制七大试点内容。

2020 年 9 月 18 日，中央网信办等七部门发布《关于国家数字乡村试点地区名单的公示》，确定了拟作为国家数字乡村试点地区名单，数字乡村将进入全面推进阶段。

2020 年 11 月 3 日，第十九届中央委员会第五次全体会议通过《中共中央关于制定国民经济和社会发展第十四个五年规划和二〇三五年远景目标的建议》，明确提出把数字乡村作为重点，优先发展农业农村，把乡村建设摆在社会主义现代化建设的重要位置。

2020 年 11 月 27 日，由中央网信办信息化发展局、农业农村部市场与信息化司指导，农业农村信息化专家咨询委员会编制的《中国数字乡村发展报告（2020 年)》发布，报告全面总结了我国数字乡村建设的政策举措、发展进程和阶段性成效，归纳了各部门各地区推进数字乡村建设工作的重要进展和经验探索，是对 2020 年我国数字乡村建设发展总体情况的集中呈现。同时强调要加快建设智慧农业，推动数字经济与农业农村经济深度融合发展。

第二阶段：到 2025 年，数字乡村建设取得重要进展。乡村 4G 深化普及、5G 创新应用，城乡"数字鸿沟"明显缩小。初步建成一批集创业孵化、技术创新、技能培训等功能于一体的新农民新技术创业创新中心，培育形成一批叫得响、质量优、特色显的农村电商产品品牌，基本形成乡村智慧物流配送体系。乡村网络文化繁荣发展，乡村数字治理体系日趋完善。

2021 年 2 月 21 日，中央一号文件《中共中央 国务院关于全面推进乡村振兴加快农业农村现代化的意见》，要求加快推进农业现代化，大力实施乡村建设行动，全面推进乡村振兴。

2021 年 6 月 15 日，中央网信办组织召开乡村振兴工作领导小组第一次会议，会议强调要深入推进数字乡村建设发展，确保数字乡村建设和定点帮扶各项任务落到实处。

2021 年 7 月 23 日，中央网信办等七部委组织发布了《数字乡村建设指南 1.0》，明确了数字乡村建设总框架，提出乡村数字经济、智慧绿色乡村、乡村数字治理、乡村网络文化、信息惠民服务等五大数字场景应用建设，涵盖了乡村建设的方方面面，为全国推进数字乡村建设绘制出总体"施工图"。

2021 年 11 月 29 日，数字乡村发展统筹协调机制召开第一次会议，会议指出，推进数字乡村建设，是关系全面推进乡村振兴、建设数字中国的战略性任务。要深刻认识数字乡村工作的重要意义，认真总结数字乡村工作取得的成效和经验，提高政治站位，切实增强以数字乡村建设推动乡村全面振兴的责任感、使命感和紧迫感。

2022 年 1 月 26 日，中央网信办等十部门印发《数字乡村发展行动计划（2022—2025 年）》，从数字基础设施升级行动、智慧农业创新发展行动、新业态新模式发展行动、数字治理能力提升行动、乡村网络文化振兴行动、智慧绿色乡村打造行动、公共服务效能提升行动、网络帮扶拓展深化行动八个方面部署了二十六项重点任务。

2022 年 4 月 20 日，中央网信办等五部门印发《2022 年数字乡村发展工作要点》，明确 2022 年数字乡村年度建设目标，并从构筑粮食安全数字化屏障、持续巩固提升网络帮扶成效、加快补齐数字基础设施短板、大力推进智慧农业建设、培育乡村数字经济新业态、繁荣发展乡村数字文化、提升乡村数字化治理效能、拓展数字惠民服务空间、加快建设智慧绿色乡村、统筹推进数字乡村建设十个方面部署了三十项重点任务。

2022 年 6 月 23 日，国务院发布《关于加强数字政府建设的指导意见》，《指导意见》就主动顺应经济社会数字化转型趋势，充分释放数字化发展红利，全面开创数字政府建设新局面作出部署。《指导意见》还明确了数字政府建设的七方面重点任务。

2022 年 8 月 8 日，中央网信办等四部门制定《数字乡村标准体系建设指南》，《指南》明确了"十四五"时期数字乡村标准化工作目标：到 2025 年，初步建成数字乡村标准体系；提出了数字乡村标准体系框架，包括基础与通用标准、数字基础设施标准、农业农村数据标准、农业信息化标准、乡村数字化标准、建设与管理标准、安全与保障标准七个部分内容。

2022 年 10 月 28 日，国务院办公厅印发《全国一体化政务大数据体系建设指南》，要求至 2023 年底前，全国一体化政务大数据体系初步形成，基本具备数据目录管理、数据归集、数据治理、大数据分析、安全防护等能力，数据共享和开放能力显著增强，政务数据管理服务水平明显提升。到 2025 年，全国一体化政务大数据体系更加完备，政务数据管理更加高效，政务数据资源全部纳入目录管理。

2023 年 2 月 13 日，中央一号文件《中共中央 国务院关于做好 2023 年全面推进乡村振兴重点工作的意见》发布，提出深入实施数字乡村发展行动，推动数字化应用场景研发推广。加快农业农村大数据应用，推进智慧农业发展。深入实施"数商兴农"和"互联网+"农产品出村进城工程，鼓励发展农产品电商直采、定制生产等模式，建设农副产品直播电商基地。完善推广积分制、清单制、数字化、接诉即办等务实管用的治理方式。

2023 年 4 月 13 日，中央网信办等五部门印发《2023 年数字乡村发展工作要点》，明确2023年数字乡村年度建设目标，并从夯实乡村数字化发展基础、强化粮食安全数字化保障、提升网络帮扶成色成效、因地制宜发展智慧农业、多措并举发展县域数字经济、创新发展乡村数字文化、提升乡村治理数字化水平、深化乡村数字普惠服务、加快建设智慧绿色乡村、保障数字乡村高质量发展十个方面部署了二十六项重点任务。

第三阶段：到2035年，数字乡村建设取得长足进展。城乡"数字鸿沟"大幅缩小，农民数字化素养显著提升。农业农村现代化基本实现，城乡基本公共服务均等化基本实现，乡村治理体系和治理能力现代化基本实现，生态宜居的美丽乡村基本实现。

第四阶段：到21世纪中叶，全面建成数字乡村，助力乡村全面振兴，全面实现农业强、农村美、农民富。

第三节　数字乡村发展现状

2023年2月，由中央网信办信息化发展局、农业农村部市场与信息化司共同指导，农业农村部信息中心牵头编制的《中国数字乡村发展报告（2022年）》正式发布，全面总结了2021年以来数字乡村发展取得的新进展和新成效，包括乡村数字基础设施、智慧农业、乡村新业态新模式、乡村数字化治理、乡村网络文化、乡村数字惠民服务、智慧绿色乡村、数字乡村发展环境八个方面内容。

《中国数字乡村发展报告（2022年）》显示2021年全国数字乡村发展水平达到39.1%，具体表现在以下八个方面：

一是乡村数字基础设施建设加快推进。农村网络基础设施实现全覆盖，农村通信难问题得到历史性解决。截至2022年6月，农村互联网普及率达到58.8%，与"十三五"初期相比，城乡互联网普及率差距缩小近15个百分点。

二是智慧农业、建设快速起步。数字育种探索起步，智能农机装备研发应用取得重要进展，智慧大田农场建设多点突破，畜禽养殖数字化与规模化、标准化同步推进，数字技术支撑的多种渔业养殖模式相继投入生产，2021年农业生产信息化率为25.4%。

三是乡村数字经济新业态新模式不断涌现。农村寄递物流体系不断完善，农村电商继续保持乡村数字经济"领头羊"地位，乡村新业态蓬勃兴起，农村数字普惠金融服务可得性、便利性不断提升。

四是乡村数字化治理效能持续提升。"互联网+政务服务"加快向乡村延伸覆盖，2021年全国六类涉农政务服务事项综合在线办事率达68.2%，以数据驱动的乡村治理水平不断提高。

五是乡村网络文化发展态势良好。乡村网络文化阵地不断夯实，网络文化生活精彩纷呈，中国农民丰收节成风化俗，数字化助推乡村文化焕发生机。

六是数字惠民服务扎实推进。"互联网+教育"、"互联网+医疗健康"、"互联网+人社"、线上公共法律与社会救助等服务不断深化，利用信息化手段开展服务的村级综合服务站点共48.3万个，行政村覆盖率达86.0%。

七是智慧绿色乡村建设迈出坚实步伐。农业绿色生产信息化监管能力全面提升，乡村生态保护监管效能明显提高，农村人居环境整治信息化得到创新应用。

八是数字乡村发展环境持续优化。我国数字乡村建设的政策制度体系不断完善，协同推进的体制机制基本形成，标准体系建设加快推进，试点示范效应日益凸显，数字乡村发展环境持续优化。

第四节 数字乡村发展趋势

我国数字乡村发展的趋势主要包括以下七个方面：

一是农村电商持续蓬勃发展。随着互联网和移动支付技术的普及，越来越多的农民通过电商平台直接销售农产品，实现了农产品销售的线上线下结合，提高了农民的收入水平。据统计，2023年前三季度，全国农村网络零售额达 1.7 万亿元，增长 12.2%。①

二是农业物联网技术应用的深化。利用传感器、监测设备和智能控制系统等技术手段，实现农田管理、气象监测、精细施肥、智能灌溉等农业生产过程的精准化和智能化。据中国信通院统计：我国数字经济在服务业渗透率最高，农业数字经济渗透率暂时较低，但 2017 年以来农业数字经济渗透率不断提高，正在带动中国农业进行现代化转型与升级。

三是农村普惠金融的覆盖面不断扩大。农村普惠金融旨在改善广大农村群众生产生活。在农村地区为农村群众提供移动支付、小额贷款、保险服务等更便捷和多样化的金融服务，让农村群众能够更方便地进行交易和获得金融支持，从而推动农村经济的发展。近些年，农村普惠金融服务惠及群体范围日益扩大，普惠金融面向广大农村群众提供的金融服务质量也在平稳提升。

四是农村教育数字化水平不断提升。数字化技术不断推动农村教育发展升级，通过在线教育平台，实现教学资源数字化，教育资源的覆盖范围扩大，使学生可以接触到更多优质的教育资源和拥有更多学习机会。目前，我国数字化教育的发展已经取得了一定的成果，进入了快速发展期，数字化教育产品和服务不断涌现。

五是乡村旅游与数字化的深度融合。乡村旅游作为数字乡村发展的重要方向，数字技术为乡村旅游提供了新的机遇，通过应用虚拟现实、增强现实等技术手段，创造更丰富、个性化的旅游体验，吸引更多游客到农村地区旅游，促进农村一、二、三产业融合发展。

六是农村基层治理数字化改革加速。数字化技术在农村基层治理和公共服务方面的应用越来越广泛，不断推动农村基层治理模式的改革，通过建设和完善数字平台和智慧农村管理系统，提供智慧化便民服务，改善农村居民生活质量。目前我国基层数字化治理体系在不断完善，治理能力日益提高。

---

① 数据来源：《人民日报》（2023 年 10 月 30 日 09 版），农村电商推动农业转型升级（经济聚焦）。

七是生态环境治理数字化转型。数字化赋能生态文明建设，构建绿色智慧的数字生态文明体系，利用大数据、人工智能和区块链等技术实现生态环境可持续化发展，助推生态环境治理数字化转型。

我国数字乡村的发展将推动我国农村地区实现经济社会的现代化和可持续发展。

第二章

新疆数字乡村发展分析

第一节　新疆数字乡村发展整体分析

根据《数字乡村发展行动计划（2022—2025 年）》部署的 8 个方面重点行动，研究院对新疆各县域进行调研。从调研数据来看，各县域均已开展数字乡村建设，且实施的重点任务数量不少于 4 项；97.65% 的县域至少在 5 项重点任务中进行了探索实践，较去年增长 1.31%；84.71% 的县域至少在 6 项重点任务中进行了探索实践；51.76% 的县域至少在 7 项重点任务中进行了探索实践；8 项重点任务全部实施的县域达到 11.76%。总体来看，数字乡村建设在全疆广泛开展。

研究院进一步将 8 项重点任务细分至 33 项子任务，通过问卷调研获取 85 个县域重点任务实施率。最终得出实施结果较好的重点任务有数字基础设施升级、公共服务效能提升、数字治理能力提升等三项；实施结果较差的重点任务有智慧农业创新发展、新业态新模式发展等两项；实施结果一般的重点任务有智慧绿色乡村打造、网络帮扶拓展深化、乡村网络文化振兴等三项，与 2022 年重点任务实施结果一致。

表 2-1　数字乡村重点任务实施率

序号	重点任务名称	子任务实施率区间	子任务实施率平均值
1	数字基础设施升级	40.00%~100.00%	68.47%
2	智慧农业创新发展	0~100%	16.86%
3	新业态新模式发展	0~100%	39.41%
4	数字治理能力提升	20.00%~100.00%	72.00%
5	乡村网络文化振兴	0~100%	66.27%
6	智慧绿色乡村打造	0~100%	48.53%

续表

序号	重点任务名称	子任务实施率区间	子任务实施率平均值
7	公共服务效能提升	57.14%~100.00%	85.38%
8	网络帮扶拓展深化	0~100%	48.24%

资料来源：新疆数字经济研究院整理。

数字基础设施升级：行政村 4G 网络覆盖率超过 99%。95.29% 的县域有 5G 试点。47.06% 的县域实现"多站合一、一站多用"，同比增长 10.47%。43.53% 的县域对农村水网进行了智能化升级，同比增长 5.73%。45.88% 的县域对农村水利工程进行了智慧化升级，同比增长 0.76%。

智慧农业创新发展：11.76% 的县域建设了农业农村数据中心，同比增长 3.11%。4.71% 的县域建立了单品种全产业链数据库。12.94% 的县域建立了重要农产品市场监测预警体系，同比增长 0.74%。10.59% 的县域利用卫星及民商遥感卫星等资源形成常规监测与快速响应的农业遥感观测能力，同比增长 3.27%。49.41% 的县域建设了主要农产品质量安全追溯管理平台，同比增长 0.63%。11.76% 的县域建有智慧农场。

新业态新模式发展：49.41% 的县域推进智慧乡村旅游，同比增长 0.63%。29.41% 县域的返乡下乡人员利用"互联网+"开展创新创业，同比增长 8.68%。2022 年新疆农村网络零售额 258.56 亿元，占新疆网络零售总额的 50.36%，同比增长 7.10%。

数字治理能力提升：69.41% 的县域使用农村基层党建信息平台。74.12% 的县域对村级事务有网络监督、反映渠道，同比增长 0.95%。60.00% 的县域建有公共法律服务网络平台、APP 或小程序，在为农民群众提供在线法律咨询和法律援助等线上服务方面，同比增长 8.78%。89.41% 的县域建有自然灾害综合监测预警中心，统筹协调气象、水旱、地震、地质和森林草原火灾等自然灾害的监测预警工作。60.00% 的县域农村地区基层应急广播主动发布终端覆盖全部行政村，同比增长 13.66%。

乡村网络文化振兴：74.12% 的县域有用于乡村文化宣传的网站或公众

号，同比增长 8.26%。82.35% 的县域有通过网络监督遏制封建迷信、低俗文化的渠道和方法，同比增长 0.65%。42.35% 的县域将文物资源空间信息纳入同级国土空间基础信息平台，同比增长 2.11%。

智慧绿色乡村打造：48.24% 的县域建有农业投入品监管平台，同比增长 7.99%。52.94% 的县域建有病虫害预报监测系统，同比增长 0.50%。62.35% 的县域建有对农村饮用水源水质监测的监管系统，同比增长 0.16%。30.59% 的县域建有农村人居环境问题在线受理机制，引导农村居民通过 APP、小程序等方式参与人居环境网络监督，同比增长 3.76%。

公共服务效能提升：所有县域已开展"三个课堂"。96.47% 的县域已实现"远程医疗"服务，同比增长 6.23%。94.12% 的县域使用"电子病历"，同比增长 6.31%。95.29% 的县域实现医保网上办理，同比增长 3.83%。100% 的县域建有就业信息服务平台，面向农村居民提供就业信息服务。62.35% 的县域配备特殊人群的信息化服务系统。49.41% 的县域制定了农村普惠金融服务政策。

网络帮扶拓展深化：48.24% 的县域通过网络开展过公益项目筹资活动，同比增长 15.31%。

第二节　新疆农村、农产品电子商务发展现状

2023 年新疆农村网络零售额共实现 338.88 亿元，同比增长 31.07%，较全国农村网络零售额增长高出 14.55 个百分点，在全国农村网络零售额中占比 0.91%。2019—2023 年，新疆农村网络零售额年均增长 20.99%（见图 2-1）。

分类型来看，农村实物型网络零售额实现 182.08 亿元，占农村网络零售额的 53.73%；农村服务型网络零售额实现 156.80 亿元，占农村网络零售额的 46.27%，较 2022 年同期提升 1.77 个百分点（见图 2-2）。

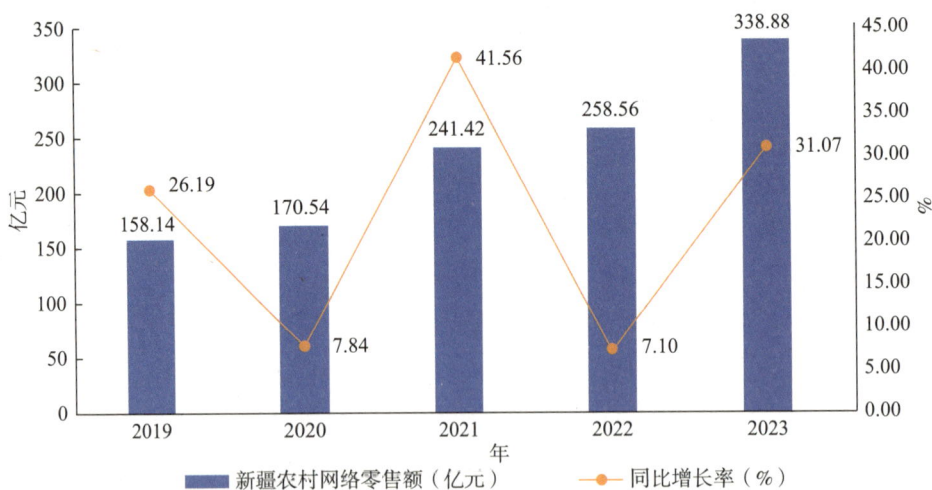

图 2-1　2019—2023 年新疆农村网络零售额及同比增长率

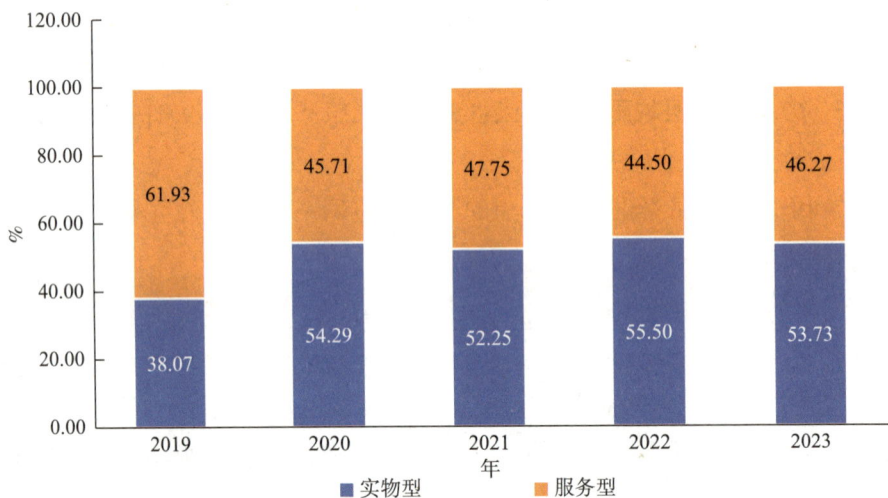

图 2-2　2019—2023 年新疆农村网络零售结构变化

自 2022 年起，农村（县域）网络零售额开始超过城区；2023 年，差距进一步拉大。新疆网络零售的主导力量从城区转向农村（县域）（见图 2-3）。

与城区网络零售额相比，农村（县域）实物型网络零售额占比远低于城区实物型网络零售额，城区服务型网络零售额占比虽受疫情影响但总体呈上升趋势（见图 2-4）。

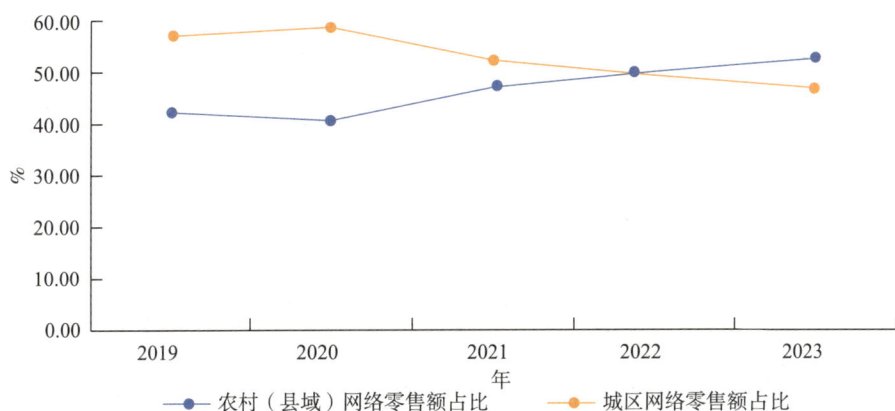

图 2-3　2019—2023 年新疆农村（县域）、城区网络零售额比较

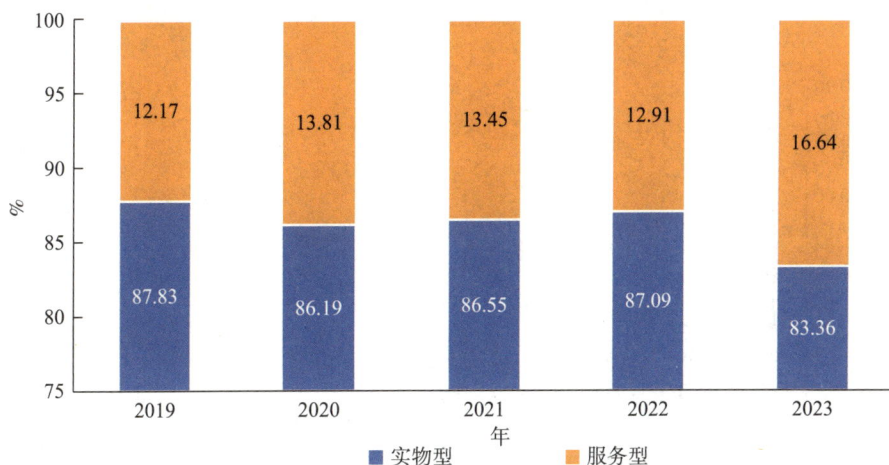

图 2-4　2019—2023 年新疆城区网络零售结构变化

2023 年新疆农产品网络零售额 193.20 亿元，同比增长 22.81%。2019—2023 年，新疆农产品网络零售额年均增长 21.05%（见图 2-5）。

2023 年新疆农产品网络零售额相对靠前的行业分别为水果、坚果、畜禽，分别实现 106.92 亿元、24.21 亿元、15.03 亿元，占比分别为 55.34%、12.53%、7.78%，是农产品网络零售额发展的主要力量（见图 2-6）。

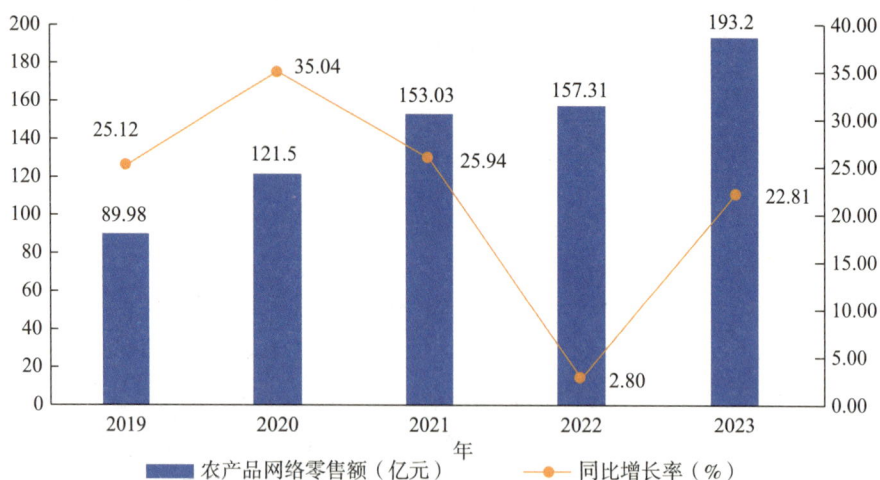

图 2-5　2019—2023 年新疆农产品网络零售额及同比增长率

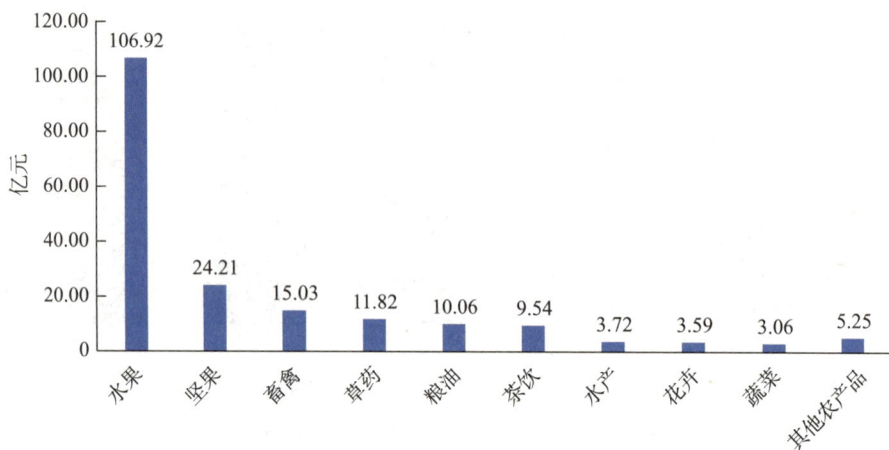

图 2-6　2023 年新疆农产品热销品类网络零售额

2020—2023 年，新疆各品类农产品网络零售额均保持较高增速。其中，水产品网络零售额年均增长达到 94.49%，实现跨越式发展；粮油、蔬菜产品网络零售额年均增长分别达到 72.35% 和 71.95%，对农产品网络零售额贡献持续增大（见表 2-2）。

表 2-2　2020—2023 年新疆各品类农产品网络零售额及年均增长率

单位：%

	2020 年	2021 年	2022 年	2023 年	年均增长率
水果	37.31	17.62	-5.24	22.50	17.01
坚果	23.00	28.07	-16.95	7.22	8.83
蔬菜	48.57	217.31	27.27	45.71	71.95
畜禽	103.76	2.84	83.03	13.26	44.37
水产	11.54	462.07	26.99	79.71	94.49
粮油	61.40	84.24	165.19	11.90	72.35
草药	-1.94	80.03	1.47	6.78	17.60
花卉	-32.56	-29.31	207.32	184.92	42.94
茶饮	56.61	48.27	1.61	37.07	34.10
其他	104.08	63.00	6.13	203.47	80.92

进一步对新疆水产品进行分析，2023 年新疆本地产海鲜网络零售额实现 3.95 亿元，同比增长 106.26%。从品类看，对虾、三文鱼、螃蟹网络零售额排名前三，分别实现 1.68 亿元、0.56 亿元、0.46 亿元，其中对虾主要销往新疆、北京、上海等地，三文鱼主要销往新疆、江苏、陕西等地，螃蟹主要销往新疆、上海、广东等地。

第三节　新疆数字乡村发展评价

数字乡村既是乡村振兴的战略方向，也是建设数字中国的重要内容。本书遵循科学性、全面性、可行性等原则，依据《数字乡村发展行动计划（2022—2025 年）》及相关文献，选取"数字乡村发展基础""数字乡村发展环境""乡村经济数字化""数字乡村治理能力""数字乡村惠民服务"5 个一级维度综合考量新疆数字乡村发展情况，进一步细化了"固定互联网宽带普及率""移动互联网普及率""乡村电子商务服务站覆盖率"等 16 个二级维度。具体指标体系构建如表 2-3 所示。

表 2-3　新疆数字乡村发展评价指标体系

一级指标	二级指标	单位
数字乡村发展基础	固定互联网宽带普及率	%
	移动互联网普及率	%
	乡村电子商务服务站覆盖率	%
	乡村快递网点覆盖率	%
数字乡村发展环境	居民通信消费人均支出	元
	居民人均可支配收入	元
	交通运输、仓储和邮政业固定资产投资额	万元
乡村经济数字化	快递业务收入	万元
	数字化服务企业数量	个
数字乡村治理能力	"雪亮工程"行政村覆盖率	%
	"三务"网上公开行政村占比	%
	政务服务网上可办理事项比重	%
	基层应急广播主动发布终端行政村覆盖率	%
数字乡村惠民服务	"三个课堂"在学校中的占比	%
	实现远程医疗的医院比例	%
	拥有社保卡居民数量占全体居民数量比例	%

资料来源：新疆数字经济研究院整理。

　　本次评价数据共收集到新疆 93 个县（市、区）2023 年的基础数据，经审核、清洗，去除行政村少于 10 个、未提交完整相关指标数据以及缺失值无法采用均值插补的县域。最后采用新疆 73 个县域的指标数据测算新疆数字乡村发展水平，利用测算结果对新疆数字乡村发展水平进行综合评价。表格中仅展示新疆数字乡村发展水平指数较好的 20 个县域（见表 2-4）。

表 2-4　新疆数字乡村发展水平指数较好的 20 个县域

县市	数字乡村发展基础指数	数字乡村发展环境指数	乡村经济数字化指数	数字乡村治理能力指数	数字乡村惠民服务指数	数字乡村发展指数
昌吉市	63.61	36.03	95.42	100.00	47.46	74.38

续表

县市	数字乡村发展基础指数	数字乡村发展环境指数	乡村经济数字化指数	数字乡村治理能力指数	数字乡村惠民服务指数	数字乡村发展指数
阿克苏市	45.42	78.09	68.64	100.00	42.76	72.74
库尔勒市	78.42	19.09	65.74	99.72	49.39	64.74
和田市	69.18	29.77	34.64	99.61	42.67	56.23
伊宁市	34.51	25.67	55.44	99.09	26.23	54.16
布尔津县	58.48	40.40	6.02	100.00	47.17	49.29
富蕴县	65.74	45.91	4.54	100.00	18.67	48.72
博乐市	16.42	42.36	20.15	97.17	43.08	46.00
喀什市	23.09	49.28	40.99	66.70	30.39	45.58
吉木萨尔县	47.59	20.06	6.78	100.00	48.49	43.46
泽普县	54.38	16.72	6.52	100.00	45.36	43.46
于田县	56.18	14.57	5.36	100.00	45.27	42.94
温宿县	30.56	23.71	10.67	100.00	49.76	42.79
莎车县	53.98	7.00	9.22	98.59	45.30	41.67
尼勒克县	56.18	73.18	4.46	51.03	28.01	41.53
木垒哈萨克自治县	42.89	18.43	3.65	100.00	47.57	41.40
玛纳斯县	36.49	25.83	6.02	98.59	35.37	41.25
托里县	74.18	18.71	3.17	66.66	86.22	41.19
乌恰县	48.01	13.90	3.96	99.93	46.37	41.19
霍尔果斯市	31.78	12.81	18.23	98.94	34.12	41.09
全疆	42.44	23.00	10.63	53.14	41.37	31.85

数据来源：新疆数字经济研究院测算。

整体来看，新疆数字乡村发展指数 31.85。分维度看，数字乡村治理能力水平最高，发展指数 53.14，其下依次为数字乡村发展基础、数字乡村惠民服务、数字乡村发展环境、乡村经济数字化，指数分别为 42.44、41.37、23.00、10.63。从区域看，30 个县域数字乡村发展指数超过全疆整体水平，其中昌吉市、阿克苏市、库尔勒市、和田市、伊宁市排前五位，走在新疆数字乡村发展的前列。

在数字乡村发展基础方面，库尔勒市数字乡村发展基础指数最高（78.42），主要由于库尔勒市乡村电子商务服务能力较强。经编制组测算，全疆数字乡村发展基础指数为 42.44，其中 43 个县域数字乡村发展基础指数高于全疆指数。

在数字乡村发展环境方面，阿克苏市数字乡村发展环境指数最高（78.09），主要由于阿克苏市投资能力较强，为数字乡村创造了良好的发展环境。经编制组测算，全疆数字乡村发展环境指数为 23.00，其中 29 个县域数字乡村发展环境指数高于全疆指数。

在乡村经济数字化方面，昌吉市乡村经济数字化指数最高（95.42），主要由于昌吉市数字化服务企业数量多，加快了数字乡村发展。经编制组测算，全疆乡村经济数字化指数为 10.63，其中 15 个县域乡村经济数字化指数高于全疆指数。

在数字乡村治理能力方面，10 个县域的数字乡村治理能力指数高达100.00。经编制组测算，各县域数字乡村治理能力较强，全疆数字乡村治理能力指数达到 53.14，其中 30 个县域数字乡村治理能力指数高于全疆指数。

在数字乡村惠民服务方面，和布克赛尔县数字乡村惠民服务指数最高为 96.13，主要由于和布克赛尔县数字化教育水平较高，助力数字乡村发展。经编制组测算，全疆数字乡村惠民服务指数为 41.37，其中 46 个县域数字乡村惠民服务指数高于全疆指数。

第三章

数字乡村场景——疆外篇

第一节　贵州毕节和黔南：东西部协作推动乡村振兴的数字化路径

一、东西部协作与粤黔结对帮扶推进数字乡村建设背景

开展东西部协作是党中央着眼全局作出的重大决策，是推动区域协调发展，缩小发展差距、实现共同富裕的重要举措。东西部协作以"优势互补、互利互惠、长期协作、共同发展"为指导原则，以"联席推进、结对帮扶、产业带动、互学互助、社会参与"为合作机制，将来自东部发达地区的资金、技术、人才、理念源源不断输入西部，促进贫困地区提升"造血"能力，是全面推进乡村振兴和巩固拓展脱贫攻坚成果的重要途径。2020年打赢脱贫攻坚战后，"三农"工作的重心发生历史性转移，从脱贫攻坚转移到全面推进乡村振兴。面对新形势和新任务，扎实推进东西部协作对于构建新发展格局具有重要意义。

为进一步贯彻《中共中央 国务院关于全面推进乡村振兴加快农业农村现代化的意见》，2021年9月，广东省与贵州省共同签署了《"十四五"时期粤黔东西部协作框架协议》，围绕助力贵州省巩固脱贫攻坚成果同全面推进乡村振兴有效衔接。在整体规划、需求调研的基础上，从产业、青年创业就业、消费帮扶、人才交流、社会力量、民生社会事业、乡村振兴以及合作创新项目等方面全方位开展协作。2022年8月，贵州省人民政府和广东省人民政府联合出台了《关于建立粤黔两省更加紧密的结对帮扶关系的实施意见》，明确指出"支持协作地区开展整村推进数字乡村建设，探索城乡智慧园区、智运快线和数字商城等新模式，打造数字乡村供应链"。

发展数字经济，离不开企业的支持。自 2022 年以来，广东省粤黔协作工作队与阿里巴巴合作开展数字乡村建设，致力于通过数字化技术，加快当地产业数字化转型，并在共建智能产地仓、开发溯源体系、品牌打造、打通数字化全链路、电商人才孵化等方面积累了宝贵经验，探索出一条从脱贫攻坚到乡村振兴的数字化发展新路径。

二、粤黔结对帮扶方式与成效

毕节市位于贵州省西北部，西邻云南、北接四川，被誉为"洞天湖地、花海鹤乡、避暑天堂"，具有酱酒、茶叶、土豆、食用菌、皂角米、刺梨、精品水果（猕猴桃、苹果）、鸡蛋、核桃、豆制品、蔬菜等优势产业，是现代山地特色生态农业产业集聚地。

黔南布依族苗族自治州地处贵州高原向广西丘陵过渡的斜坡地带，山清水秀、历史悠久，是休闲旅游之地、纳凉避暑之域，也是长江和珠江上游的重要生态屏障，生态资源丰富。

广东省粤黔协作工作队联手阿里巴巴在贵州省毕节市、黔南州多个地区开展合作，助力当地产业发展、品牌打造、销售模式创新和电商人才孵化，加快县域数字化升级，共同打造乡村振兴新样板。

（一）产业振兴：高品质打造农产品供应链

产业振兴是乡村振兴的关键。广东省粤黔协作工作队长顺工作小组联合阿里巴巴以数字化工具打造农产品供应链，推进农业高质量发展。

一方面，开发溯源体系，打造安全可靠的农产品。结合蚂蚁区块链溯源技术，打通天猫淘宝商品体系、扫码介绍页面、搜索溯源心智标签等功能，提供数字化赋码，助力农产品品牌保护、电子溯源和防伪查询，提升消费者对当地农产品的公信力，减少客服投诉。

另一方面，构建数字化驱动的供应链体系，提升农业现代化水平。黔南州长顺县依托阿里菜鸟物流，围绕绿壳鸡蛋农产品开展分拣分选智能化运营，开发检测、分选、分级、喷码、包装、配送和信息平台等多种功能，提升农产品标准化水平。同时重塑农商品，升级产品包装设计，开发商超款、电商款、精品礼盒款三款产品组合，面向不同消费群体，对接不同销售渠道，已实现部分农特产品入驻贵阳盒马鲜生线下门店（见图3-1）。

图 3-1 长顺绿壳鸡蛋包装设计

（二）品牌唱响：提升产品附加值

黔南州长顺县、毕节市威宁县分别与阿里巴巴联手共同举办品牌推广发布会，推出一系列线上直播推广、促销活动，借助"天猫超级原产地"产品推广阵地，在全网打造热点话题，提升长顺县"中国绿壳鸡蛋之乡"、威宁县"阳光威宁·天生好物"的曝光度（见图3-2）。黔南州龙里县刺梨产业优势明显，当地政府以"龙里刺梨"区域公用品牌创建为抓手，通过产业带整合营销活动、产品销售渠道拓展等模式，将"龙里刺梨"品牌产品端、营销端、渠道端紧密串联，发挥区域公用品牌的示范引领效应，全方位助推刺梨产业发展，进一步增强"中国刺梨之乡——龙里县"的知名度和影响力。毕节市联手阿里巴巴线上线下推广打响"毕节好物"，将助力乌蒙山好物插上互联网营销的翅膀，拓宽渠道，全面提升毕节原产地商品的知名度、美誉度和品牌价值。

中国绿壳鸡蛋之乡——长顺

图 3-2 长顺绿壳鸡蛋媒体传播

（三）搭好平台：数字化全链路触及终端消费者

为集中展示毕节好物，数字化全链路触及终端消费者，强化"毕节好物"消费者心智，阿里巴巴搭建了毕节线上消费季线上主阵地"毕节好物特色馆"，并在手机淘宝 APP 上搭建"贵州·毕节 2022 年线上消费季"专属主题会场（见图 3-3），为超过 100 家毕节优质电商企业及 300 个以上优质农产品、深加工品、地方美食等提供线上展示展销窗口。结合线上消费季启动会、广博会、丰收节、年货节等营销节点及阿里巴巴精准流量投放，以毕节乌蒙山、乌江源百里画廊、化屋村等知名景区为素材原型，充分考量消费者喜好及平台个性化推荐规则等，将"粤黔协作"、毕节文化、原产地特色好物等共同展现出来。

围绕天猫"双 11"相关主题，以"家乡，就要这么爱"为契合点，在"贵州·毕节 2022 年线上消费季"主题会场搭建"双 11 毕选好物"分会场，选取优质店铺和产品，结合各区（县）产品分布进行展示和宣传。通过 1 个特色产品、1 个地理位置、1 个产地故事介绍，用手绘形式展示毕选好物创意海报，营造"双 11"氛围，用内容打动和吸引消费者了解毕节原产地好物。

在阿里杭州园区"双 11 展区"，展示和推介毕节代表性产品化屋村黄粑。截至 2022 年 12 月 12 日，"毕节好物特色馆"累计曝光量近 400 万，涌现出如美滋堂、雪榕、可渡河、秦纪煌等优质品牌，及鹿茸菌、黄粑、荞麦制品、皂角米等被淘系消费者认可的产品。毕节本地特色商品天淘平台增幅超过35%，毕节原产地好物的线上影响力不断扩大，"毕节好物""黔货出山"发展愿景逐步实现（见图3-4）。

图3-3　贵州·毕节2022年线上消费季

图3-4　2022年毕节线上消费季暨丰收节"丰味"美食地图

此外，大力建设毕节市电商发展数智指挥中心，运用大数据剖析全市电商发展结构与态势，助力实现电商产业发展可见、可知、可预测的科学决策，也为毕节农特产品开拓大湾区市场提供数据支持。

（四）销售创新：直播电商提升销售效率

2022年11月，由广东省粤黔协作工作队龙里工作小组联合龙里县乡村振兴局主办、阿里巴巴数字乡村与区域经济发展事业部承办的"2022年龙里电商直播大赛"，帮助黔南州龙里县本地经营主体成功开通近百个淘宝店铺账号和直播账号，累计观看人数破万、新增粉丝500多人，销售总额超过2万元。同期，由广东省粤黔协作工作队毕节工作组联合毕节人民政府主办、市商务局承办、阿里数字乡村执行的"活力电商·跃动毕节"直播技能大赛吸引了近350名选手参训参赛，决赛PK环节，选手们3小时直播销售额达15万多元，直播带货1400余件，观看人数达10万余人。毕节直播技能赛事期间，参训选手累计开通淘宝直播账号300余个，淘宝店铺80余家，有50%学员在课程结束后仍坚持上播。

2022年11月—2023年1月，为进一步提升毕节乌蒙山好物的知名度和影响力，阿里巴巴邀请了10余位达人、明星主播及20余位美食主播共同带货，累计开展近50场直播活动，总观看人次超4500万，成交农产品近7000件，直播当日成交金额超过20万元，极大地提升了毕节农产品的销售效率。毕节还聚焦一二线城市"网络时代"（85后）及"Z时代"（95后）年轻用户，充分发挥全网50位优质内容创作者在微博、抖音、小红书等多平台的资源，推荐毕节线上消费季活动及原产地好物，超过万名普通用户参与毕节相关话题的互动，全网累计传播曝光量超过1亿次，直播带货内容推介累计覆盖粉丝量超过4000万，助力乌蒙山好物口碑、知名度双丰收。此外，毕节依托丰富的文旅资源和农特产品举办"畅享夏日　热购毕节"活动，推出了线下达人邀约出席、直播带货、线上媒体传播等内容，覆盖更多消费人群，打造了覆盖全域消费者的搜索、展示、信息流、互动等营销产品及阿里巴巴商业化营销IP。

(五) 体系构建：加快推进数字县域体系建设

围绕全面推进乡村振兴战略的总要求，充分发挥数字政府改革的优势，筑起县域综合治理体系的"智慧防线"。黔南州长顺县政府、广东省粤黔帮扶工作队黔南州长顺县工作小组联合阿里巴巴打造运营以乡村振兴服务平台为载体的县域数字化样板。样板依托支付宝全面构建以精准防疫、县域治理、涉农和信息服务为核心的县域民生体系，帮助民生服务精准触达市民，提高县域公共服务普惠能力，带动县域治理体系数字化转型，如图3-5所示。目前长顺县已在支付宝上接入24个部门221项服务，包括电费缴纳、交通出行、社保缴费、就业招聘、文化馆、农特产品电话售卖、融媒体资讯等业务。

图3-5　支付宝助力长顺数字公共服务

（六）人才培训：培养数字乡村发展人才

数字乡村，人才先行。2022 年 11 月，"蔡崇信职业教育英才计划——长顺站"在长顺县中等职业学校顺利举办（见图 3-6），此次培训为期 5 天，累计培训 107 名 5G 智能终端维修专业学生。广东省粤黔帮扶工作队龙里工作小组联合龙里县乡村振兴局开展了为期 15 天的"龙里淘金训练营"及"直播大赛海选集训"活动（见图 3-7），线上累计超过 600 人次参加学习、线下共计 150 余人进入赛前辅导与决赛，提升了龙里本地电商主体的电商直播销售能力。

图 3-6　蔡崇信职业教育英才计划——长顺站

毕节针对自身特色农产品电商销售占比不高的问题，在人才培养方面，通过推动种养大户转型和农户内部培养并举的方式培育电商主体，并结合政府相关政策帮扶引导，发动在外的同乡生意人、外出务工人员、在校大学生等共同从事农产品电商；鼓励新型经营主体自建商品产地信息档案，对接电商服务运营主体，完成在线渠道疏通、产品上线前包装等服务；营造良好的电商氛围，以村为单位发动各类返乡群体参加电商培训；通过内生外引相结合提升本地电商人才实用技能，为农村电商发展培养好人才。

图 3-7　龙里电商直播大赛

2022 年 12 月—2023 年 1 月，毕节市商务局联合阿里数字乡村培训中心为化屋村 60 余名居民就电商直播开展了为期 5 天的线上专场培训，为助力化屋村黄粑、黄姜等特色产业打通直播电商渠道奠定人才基础。

三、经验启示

（一）精准定位互补优势产业

结合东西部优势，推动产业转移、开发和创新升级。首先，东西部协作应深耕于西部地区的资源要素禀赋和发展条件，围绕加快培育优势特色产业，引进优质市场资源，推动特色优势产业做大做强。其次，构建紧密的利益联结机制，组建不同类型的农业经营主体，提升生产组织化水平，引导西部地区农民以参股经营、直接参与等方式进入产业发展过程。最后，基于各方优势打造利益共同体，东部地区要以自身优势资源深度嵌入西部地区的产业链中，而西部地区也要以自身优势资源深度融入东部地区的产业体系，实现东西部发展空间拓展、后发地区开发、产品供求、产业迭代升级与承接等方面的有机衔接和互补互惠互利。

（二）市场与技术的深度结合

首先，推进东西部市场实现技术衔接。以深化农业供给侧结构性改革为牵引，以东部地区先进理念和发达技术为抓手，促进西部乡村传统产业向绿色化、智能化转型，增强优质产品和消费服务供给能力，真正激活西部地区市场潜力。其次，畅通东西部协作的要素市场机制。着力畅通土地、劳动力、资本、技术、管理、数据等要素流向协作企业和产业集聚的市场通道，建立健全资源要素的市场化协作信息和交易平台，探索各类要素在东西部地区共建园区、飞地经济协作中的市场化产业连接、价值实现和利益共享模式。最后，构建市场化产业融合发展机制。引导东部地区产业向西部地区适度疏解和梯度转移，支持西部地区乡村发展比较优势明显、带动农业产业"接二连三"能力强、就业容量大的富民产业，将供给链、产业链、创新链、价值链耦合联动，加速形成具有竞争优势的西部乡村特色产业集群。

（三）充分利用人才激活协作

首先，完善人才晋升和薪酬激励机制，营造"引得来、能留住、用得好、能干事"的良好氛围，整合各方信息建立东西部地区协作人才信息平台，定期开展优秀人才表彰活动。其次，组织挂职干部与本地干部的交流活动，促进挂职干部更好地服务当地经济社会发展。最后，拓宽激励机制的应用范围和领域，吸引医生、教师、专家等各领域优秀人才踊跃参与人才支援活动，促进西部地区的全面发展。

（四）完善体制机制

首先，完善东西部产业协作相关政策。通过改善营商环境、优化审批程序、协助拓宽市场、解决公共配套难题、提高服务水平等综合性政策保障，给予东西部协作持续性政策优惠，激发东部地区市场主体参与西部地区协作的积极性。其次，优化东西部资源对接政策。聚焦健全激活东西部地区资源活力的政策体系，实施城乡建设用地增减挂钩指标跨协作区域流动，促进西部土地、劳动力等优势与东部资金、技术、人才等优势有效对接，形成优势资源带动特色产业长效机制。再次，完善东西部就业协作政策。面向高质量就业协作导向，建立健全职业教育和技能培训衔接的劳务就业协作长效机制，搭建"县—乡—村"劳动就业和社会保障服务平台，提升乡村居民稳定就业率。最后，完善东西部社会协作政策。分类建立可以激励全社会力量参与东西部协作的畅通渠道，完善社会多元主体回报社会的激励政策，凝聚各方力量助力乡村全面振兴。

第二节 农产品直播电商：更具包容性的乡村数字经济模式

一、直播电商发展背景

（一）直播电商兴起

在过去的20年时间里，得益于互联网革命，依托信息、数据、云计算等数字创新技术，中国电子商务行业蓬勃发展，改变了我们的生产销售、生活消费方式。企业生产无须大规模建置厂房就能满足产品周转，消费者足不出户就能实现一键购物。根据商务部发布的《中国电子商务报告》，2014—2021年，中国电子商务年交易额从13.37万亿元增长到42.30万亿元，见图3-8，年平均增长率达到17.89%。在世界范围，根据eMarketer的数据，2022年，中国零售电商销售额超过27840亿美元，是第二名美国的两倍多，超过了榜单前十其他9个国家之总和。

电商的兴起也为中国乡村发展带来了新的契机，学界亦有大量文献表明，电商可以即时连接买卖双方，整合资源、连接外部市场，在创造就

图 3-8　2014—2021 年中国电商年交易额

数据来源：商务部。

业、增加家庭福利、降低交易成本、带动经济增长等方面发挥着重要作用。商务大数据显示，2021 年，全国农村网络零售额已达 2.05 万亿元，同比增长 11.3%，增速提高 2.4 个百分点。①

随着互联网技术和网络基础设施的进一步成熟与完善，电商的新模式新业态层出不穷，从图文到短视频，从短视频到直播电商。2016 年 5 月，淘宝直播正式成立，随后京东也正式推出直播业务，掀起直播热潮，业内由此开启直播电商元年。根据《第 50 次中国互联网络发展状况统计报告》，截至 2022 年 6 月，中国电商直播用户规模为 4.69 亿，较 2021 年 12 月增长 533 万，占网民整体的 44.6%。

（二）直播电商特征

直播带货的本质是主播利用即时视频、音频通信技术同步对商品或者服务进行介绍、展示、说明或者推销，并与消费者沟通互动以达成营销目的的商业活动，是数字时代背景下直播与电商双向融合的产物。与传统电

---

① 数据来源：商务部，《中国电子商务报告 2021》，2022。

商相比，其具备提高产品信息透明度、建立买卖双方信任度、通过实时交互加快用户购买决策等优势。

作为新的业态，直播电商具有三大特征：普惠、信任和体验。[①]（1）普惠性（或称包容性）。凭借互联网技术，直播电商的门槛相较于其他销售方式较低，几乎人人可播、物物可播、处处可播，这使得直播电商具有较高普惠性，也是直播电商可持续发展的最主要原因。（2）建立信任。在消费者观看直播、进行购物的过程中，以往产品搜寻、比较、测试的流程交给了带货主播进行，消费者仅需从主播身上获得相关决策信息即可，由此，主播成为消费者和产品之间的信任中介，这使得直播电商具有了信任特征。（3）增强体验。从与消费者交互的角度来看，依托强大的实时展现、双向互动等功能，直播电商更加注重交流和实时互动性，具有更强的吸引力。消费者在观看直播的过程中可以从主播的讲解中获取更多关于商品质量、服装搭配等信息知识，增强了消费者的购物体验感、娱乐感，赋予了直播电商体验特征。

（三）直播电商作用

近年来，直播电商通过"拓展新人群、营造新场景、挖掘新需求，扩展新品类，推广新品牌"，不断刺激消费者的购买欲望，将消费者在冰山水面下的需求挖掘出来，促进了消费的持续恢复和快速增长。

直播电商下沉到农村，帮助农产品销售产生了新渠道、新模式。长期以来，农产品销售面临农户"难卖"和客商"难买"的困境。如今，随着乡村网络基础设施的不断完善，直播电商凭借其普惠性在农村地区快速普及。越来越多的农户、商家通过短视频、直播来宣传和推介优质农产品，多位县长、明星走进直播间为农产品代言带货，帮助大山深处的优质农产品快速走向全国消费者的餐桌，使得"酒香不怕巷子深"成为现实。一部手机和一根自拍杆，正在成为农民脱贫致富的"新农具"，一场"直播"正在成为农民的"新农活"。

---

① 毕马威，阿里研究院.《迈向万亿市场的直播电商》，2020.

同时，直播电商在很大程度上打破了消费者对农产品看不见、摸不着、感受不到的现状。相比于图片和文字的产品描述，视频的信息维度更加丰富，而农产品主播可以将农产品的种植、生长环境、采摘、包装等环节用视频方式展现出来，有利于促进优质农产品卖出优价，减少买卖双方的信息不对称，有效降低"柠檬市场"发生的概率。

此外，农产品直播电商相关企业为搭建农产品供应链，在主播招募、"代播业务"①、后台制作、农产品采购、分级、包装、发货、快递物流等环节，给农户提供了大量就业机会，特别是在电商销售中的分拣和打包环节创造了众多适合于农村地区女性的就业岗位，也为农村地区实现性别平等发挥重要推动作用。② 数据显示，2021 年，全国淘宝村、淘宝镇电商从业人员达 360 万人，交易额突破 1.3 万亿元，人均年销售收入超过 36 万元。③

二、农产品直播电商之阿里实践

（一）阿里巴巴实施"村播计划"

2019 年 3 月，为促进农产品上行，助力乡村产业发展，阿里巴巴在技术脱贫攻坚大会上宣布启动实施"村播计划"，将帮助地方培养自己的网红主播，实现农产品电商直播自运营，"让农民变主播，手机变农具，直播变农活，数据变农资"，首批入选省份包括山东、河南、山西等。仅 3 个月时间，村播项目就覆盖了全国 270 个县，开展了近 5 万场直播。

2022 年 4 月，淘宝直播的商品池上线了村播农货专区，尝试用产品方案来解决县域农产品的直播销路问题。如今，"村播计划"已经覆盖全国所有省份，培养超过 10 万新农人加入农产品直播营销中，开展助农直播

---

① 2022 年 11 月，陕西佛坪县政府联合淘宝直播，试点开启"代播业务"，通过教培和品牌招商，对接多个知名品牌，大学生、无农货可卖的农人可以通过代播服务增加就业机会，获得收益。

② 联合国粮食计划署，阿里巴巴.《电子商务促进中国西部乡村振兴报告》，2020.

③ 数据来源：中国国际电子商务中心，《中国农村电子商务发展报告（2021—2022）》，2022。

累计超过 300 万场，带动县域农产品 800 万个，县域农产品销量达 1.3 亿单。

(二) 阿里巴巴联合开设"村播讲堂"

虽然直播的开设并不需要过高的门槛，但其中的直播话术、产品设计、爆款打造等专业技能也需要进行一定的学习。2020 年，作为"春雷计划 2020"助农兴农的重要措施，阿里巴巴再度宣布四项举措，其中包括在全国打造 100 个"村播学院"(见图 3-9)，线下手把手教农民主播们用好手机"新农具"，学会直播"新农活"。"村播学院"以培育主播人才、销售当地特色食品农产品为主要目标，由淘宝直播村播机构负责运营，承担县、市淘宝直播人才培训、孵化、日常及大型直播营销活动策划实施等工作。通过开办学院，阿里巴巴将联合各地，以零门槛零学费的方式，为农民主播提供从基础设施支持、人才孵化培训到地域品牌设计、直播带货产业规划扶持以及政策引导和资源协调等方面的全方位支持。

图 3-9 2020 年 4 月 23 日，全国首个"村播学院"在浙江衢州市柯城区开课

2021年9月，"村播计划"迎来全面升级，推出"村播之星成长计划"助力新农人成长。在此基础之上针对"村播讲堂"进行全面改革，实现"轻量化、流程化、高效化、数字化"发展。计划推出五大举措，（1）"学院更名"，"村播学院"正式更名为"村播讲堂"，持续在新农人主播的培养上深耕；（2）"权益升级"，月度奖励公域资源、年度优秀讲堂表彰等村播之星成长计划的流量激励，助力学员快速成长；（3）"线上课堂"，"村播讲堂"线上云课堂发布，轻量化课程为新主播入门助力提速；（4）"数字运营"，线上数据产品、培训套件支持，精确落实讲堂业务。（5）"流程变更"，优化村播机构入驻流程及"村播讲堂"挂牌流程，实现可持续发展（见图3-10）。

图3-10　阿里巴巴"村播计划"宣传图

至今，淘宝直播助农账号超10万，农人账号2.6万，遍布全国31个省级行政区（不含港澳台）。2022年"双11"期间，淘宝助农直播日均开设量约9000场，日均成交额约1300万元，同比增长14.4%，直播成交达到万元的账号数量约2900个，同比增长43%。

▶ **案例 1**

村播学员陈家胜

　　49 岁的衢州村民陈家胜是全国首个阿里巴巴"村播学院"的第一批学员。陈家胜曾进城开烤饼店、做木工，2010 年返乡创业后，他将家传的做面手艺做成了"德门龙"手工面坊。2019 年 7 月，在阿里巴巴"村播计划"公益直播中，他第一次接触到了直播，他回忆："第一次做直播很紧张，眼睛都不知道该往哪里看。现在经过练习和学习，已经很熟练了。"如今他通过淘宝直播卖自己的家传手工面条，一次能卖 500 千克，相当于以前一个月的销量（见图 3-11）。

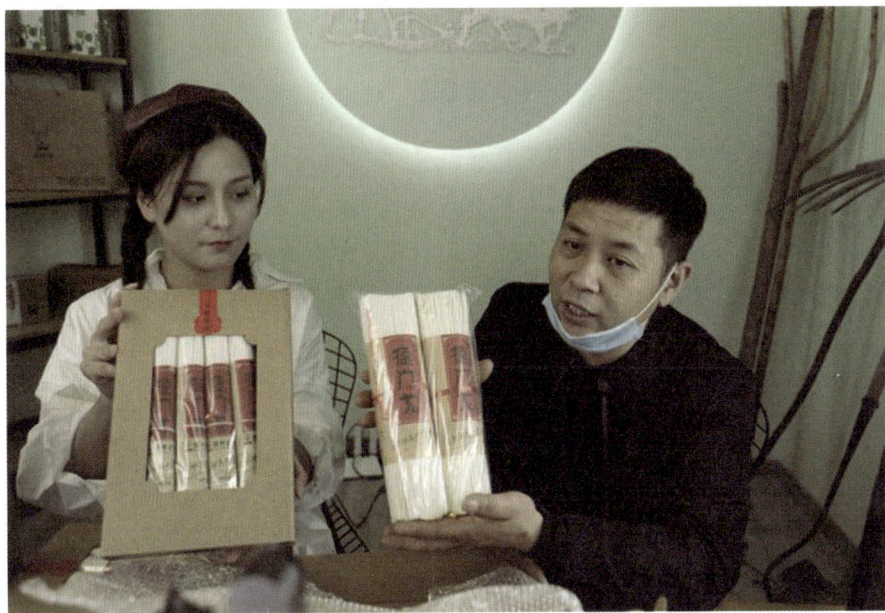

图 3-11　陈家胜（右一）在"村播学院"直播间练习直播卖面条

三、直播电商价值链打造

质量是电商的核心，更是直播电商的"命门"，据中国消费者协会2020年3月发布的《直播电商购物消费者满意度在线调查报告》，超六成消费者担心直播购物所购买商品的质量问题。直播电商长久发展必须考虑货物的质量、品牌、体量、体验等问题，只有好的质量才能不至于"直播翻车"。

农产品质量的关键在于直播电商供应链的打造与维护，但直播电商的供应链是十分多元的，可能是以涉农企业为主导，前后涉及生产者、合作社、电商平台、带货主播等环节主体，可能是以村播为主导，涉及生产者、合作社等环节主体，也有可能是农民自己开网店、做主播（村播），即"自产自销"。在直播环节，还可以分为自播、代播、雇播、达播等形式，直播场景也可以分为基地直播、果园直播等。

▶ **案例2**

个人自播利用自身特长，打造独特卖点

福顺东北特产（简称福顺直播）是一家淘宝直播店铺，属于个人自播，主要售卖干果、玉米、地瓜等东北地方性特产。福顺直播开播近2年，粉丝量已经超过7万，近一年旺季直播观看量超过10万人次。其货品主要来自自家种植、本地村民以及当地批发市场，偶尔也会寻找一批小商家，现在一年的销量价值能达到两三百万元。

福顺直播的发展并非一帆风顺，其间离不开主播的个人努力。主播经营淘宝店铺13年，积累了丰富的电商运营经验，但两年前刚转行直播时，并没有系统学习过直播技巧，很不适应，直播间并没有多少流量。后来借助表演"崩爆米花"与折扣促销的手段，终于为店铺积累起了一定的粉丝与固定客户。逐渐地，福顺直播间已经打造起自己的直播形象和个人特色，主播时常会在直播时身着道具服、唱二人转，秀才艺，并偶尔在村子田间地头进行直播，再加上东北人自带的口音、方言等喜乐元素，保持了轻松诙谐的交流风格，吸引了不少消费者。

(一) 价值链上游

为了保障上游货源及其品质,大型公司、头部主播可能会与合作社、种养大户直接签订合同或协议,开展订单农业,或者直接进行产业链整合,建立生产基地。而一些尾部主播、村播可能会直接前往当地或附近的农场订购产品,或者销售自己(及熟人)的农产品,对于这些产品,主播自身就比较熟悉其生长种植情况,农产品质量风险的可控性较高。但对于外地主播或者企业来说,他们不了解当地的实际情况,寻找货源时往往会委托一个"中间人",即当地的代办。代办更加了解当地的产品质量状况与农户的信誉名声,能够帮助主播找到满意的产品与合适的供货者,提高履约率。

▶ 案例3

寻找当地代办,保障货品质量

塔塔部落是2017年成立的一家主要从事生鲜农产品直播业务的公司,其带货产品来自境内外,如泰国榴莲、眉山丑橘、昭通苹果、赣南脐橙等。旗下共5位主播,5个直播间,最大直播间辉辉榴莲已有超过86万粉丝,近一年旺季直播观看量达40万人次。

到直播季,辉辉榴莲会预估直播销量,提前与原产地果农进行沟通联系。由于市场价格的不确定性和生鲜果品每年的品质口感都可能存在一定差异,提前的时间不会超过1个月,这是一种"市场交易和订单农业之中的'中间模式'"。

在农产品选购中,当地代办往往更为知悉水果的生长种植情况,知悉农户的品格为人。因此,为降低其间的交易成本与交易风险,辉辉榴莲往往会按成交量支付一定佣金,寻求担保,委托当地代办按照果子的质量、大小等要求去寻找合适的果农,与果农们沟通,再签订商业合同。经过数年的沉淀,辉辉榴莲如今也积累起丰厚的声誉与一批稳定可靠的供货商。

辉辉榴莲一直坚持原产地果园直播、原产地发货,这有助于更全面地展示商品信息,吸引更多消费者。

（二）价值链下游

在消费端，平台对商家及其上传的货品质量根据大行业、子类目也会设定相应标准加以审核与限制。例如，在淘宝平台的要求下，商家需要上传产品的质检报告、资质证书等，以证明产品的质量。若商家产品的退货率高于平均水平，则会被重点监测，如果是开设直播，淘宝平台还会以保证金、店铺等级等为条件进行筛选、限制。而且，淘宝平台还设立了《生鲜食品品质抽检规范》，会不定期让第三方任意抽检平台内商品，若生鲜产品的农药残留、重量标准等未达到规定要求，商家将会受到处罚。此外，淘宝平台针对商家还建立了卖家服务评级系统（Detail Seller Rating, DSR）进行动态评分，具体分为描述相符、物流服务、服务态度等项目。消费者可基于自身购物体验进行评分，共5分，4.5分以下商家的点评级别会变为绿色，以起到提醒和警示的作用。而对天猫超市这一自营平台来说，其商家入驻的品质要求更高，主要面向于成熟商家定向招聘。

可以说，在农产品流通市场上，凭借着对农产品流通渠道、品质信息的掌握与管控，代办、主播、平台等主体成为农产品质量安全的守门人，他们可以按照市场需求，制定产品流通的标准规格，对流通中的产品进行资质审核、质量检测，通过层层的筛选过滤，保障优质的产品送入消费市场。

四、启示、挑战与展望

总之，直播电商的嵌入使得农产品可以突破地理限制，远距离直接触达消费者，扩大了农产品的销售半径，拓展了农产品价值的实现方式，带动了乡村一系列产业的兴旺发展。"村播计划""村播讲堂"的推行也成为提升农民职业技能、助推农民收入增长、农业产业发展的重要手段，帮助当地建立起了产品销售、产业发展的长效机制。

随着市场高质量消费需求的不断增长，农业发展在满足数量要求以后，如何满足质量要求、解决市场高质量农产品的供需矛盾将成为农业现代化的核心问题。

目前，许多电商平台深耕农业电商销售领域，通过深入农业源头端，自建供应链和自营销售平台等方式，助力实现农业高质量发展。例如，阿里巴巴正通过搭建数字化的"产地仓+销地仓"模式，配合菜鸟网络以及天猫超市、淘鲜达、盒马鲜生等平台，形成了一条完整、稳定的供应链体系。这种模式在帮助拓展农产品销售渠道的同时，提高了商品履约效率，进一步保障了农产品的高质量发展。

第三节　网商银行：遥感大数据与人工智能助力农村普惠金融

一、农村金融痛点与科技银行的空间金融科技创新选择

一直以来，由于农业生产周期长、风险高且缺乏有效的抵押和担保，传统金融机构缺乏信息从而无法甄别农户风险，农户被传统金融机构"排斥"的贷款难问题并没有得到很好地解决，"三农"发展仍然面临融资困境的制约瓶颈。近年来，农村数字普惠金融的发展有望缓解乃至消除农村金融服务中面临的痛点。凭借覆盖广、成本低且效率高的优势，数字普惠金融有效降低了金融服务的门槛，可以为农村低收入和弱势群体提供普惠金融服务。虽然数字普惠金融的发展在缓解农村金融融资困境方面起到了一定的作用，但由于农村信息化和数字化程度相对较低，存在"数字鸿沟""数字排斥"等新的挑战，农户因"线上交易""数字痕迹"等信息缺乏，金融机构难以对其进行"精准画像"，进而使得农户可能面临传统金融和数字普惠金融的"双重排斥"。

为更好地解决农户贷款难问题，网商银行创新性地研发了"大山雀"系统，并于2020年宣布正式商用，网商银行卫星遥感图像处理图照片如图3-12所示。该系统的关键创新在于将卫星遥感技术应用于农村金融风险识别、评估业务，探索运用卫星遥感等"空间金融科技"助力农村普惠金融。具体地，就是通过卫星遥感技术结合人工智能模型算法，获取可信动态"无感"数据，再结合行政管理大数据辅助交叉验证，由此实现对传统

信用数据和数字行为数据的替代。将这些"替代性"信用数据应用于涉农信用贷款模型中，可以实现对广大农业生产经营主体，特别是对小规模农户、缺乏信用历史的"白户"提供授信和信贷支持，可以有效解决"双重排斥"问题。同时，升级的算法机器可以融合人工经验，利用地形、降水、积温、历史产量等信息识别农作物，让天上的卫星真正掌握传统"信贷员"的技能，助力超百万种植大户获得无接触贷款，享受数字科技升级的农村金融服务。

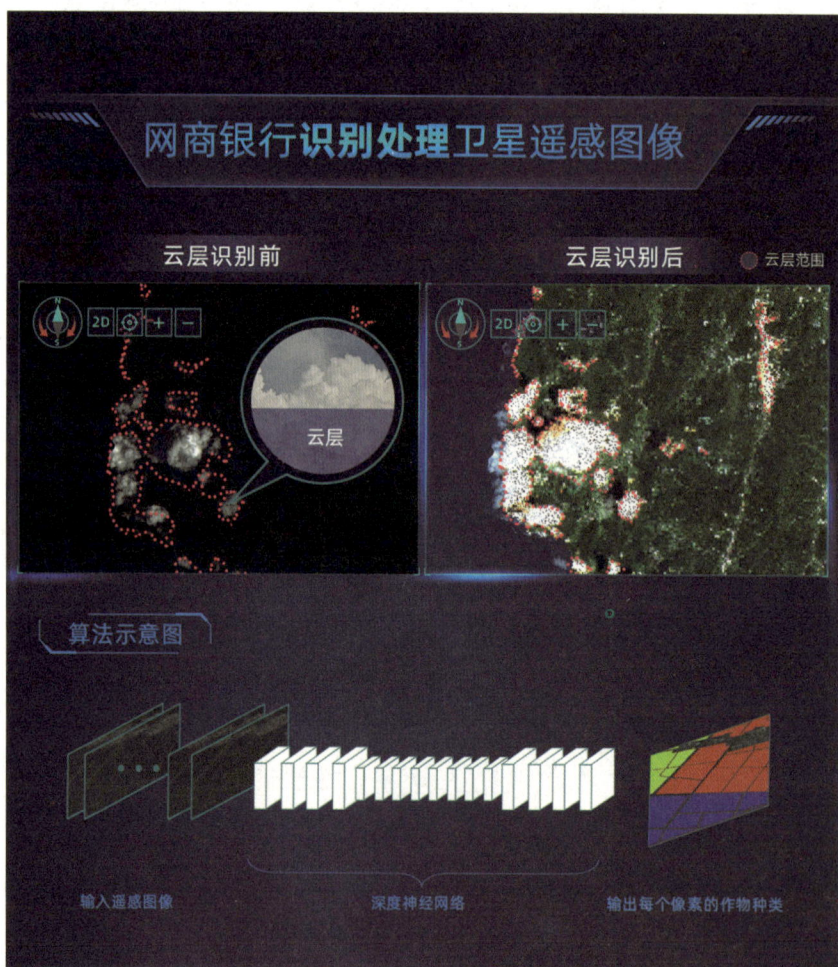

图 3-12　网商银行卫星遥感图像处理图照片

截至 2022 年底，网商银行"大山雀"系统通过卫星遥感技术看清农户资产，通过人工智能清算资产价值，目前已能识别 60 种农作物，准确率达 93% 以上，已帮助超 100 万种植户获得贷款。此外，基于强大的科技和数据优势，网商银行与传统银行也达成了合作，通过联合贷款的合作模式赋能中小金融机构，进一步扩大农村数字普惠金融服务覆盖面。

总之，在国家全面推进乡村振兴的大背景下，网商银行积极探索服务"三农"群体，把农村金融数字化作为发展战略，联合地方政府、传统银行、担保机构等，有效解决了农村金融痛点问题，以数字科技带动农村金融不断升级，不断助力农村普惠金融。

二、"大山雀"系统助力农业农村普惠金融的机理与做法

（一）卫星遥感大数据发挥核心作用

卫星遥感技术虽然已经存在多年，但将其大规模应用于农村金融领域，则是网商银行首创。

一是精准识别：获取"替代性"信用数据。农户最主要的资产就是农作物，而农作物的数字化程度很低，难以识别，因此无法判断其资产价值，进而无法进行风控和授信。基于此，要想解决农户贷款难问题首先要解决识别农作物难题。在确定使用卫星遥感技术之前，网商银行农村金融团队首先尝试了人工勘探和无人机拍摄，结果发现前者成本太高，后者范围太小，都无法满足要求，最后决定大胆地使用卫星遥感技术辨别农作物。

简单来说，其原理就是利用卫星遥感影像的光谱识别技术，精准识别出水稻、玉米、小麦、苹果等多种作物。农户在手机圈定自己的地块，网商银行通过了解农户的种植情况和生长趋势，同时结合气候、地理位置、行业景气度等因素，使用几十个风控模型预估产量和产值，为农户提供精准的授信和信贷支持。

二是还原与追溯：了解农户持续种植经营行为。卫星遥感数据不仅可以还原当前的数据信息，还可以追溯过去两年内的数据信息。这意味着使用卫星遥感技术不仅可以了解土地当前的情况，还可以追溯过去两年内的种植情况，对于网商银行了解农户持续的种植经营行为有很大帮助，更多有效信息如同一地区同一客户的种植稳定性、种植的规律性，以及经营的情况等可以输入到信贷风控模型中。

总之，网商银行首创的这套"大山雀"卫星遥感信贷技术可以有效解决以往农村金融的核心痛点：识别农户种了多少亩地（种植面积）、种的是什么（作物类型）、种得好不好（作物长势）、是否遭遇病虫害和洪涝灾害等（高频监测和气象灾害预警）。而这些正是农户资产价值的最好证明，是一种"替代性"的信用数据。基于此，再结合风控模型预估产量和产值，就可以给予那些被"双重排斥"的农户精准的授信和信贷支持了。

（二）行政管理大数据辅助风险控制

除了利用卫星遥感大数据，网商银行还与涉农县域政府部门进行合作，适当地应用行政管理大数据，更加准确地进行贷款决策分析。

一是交叉验证助力农户信用评定。通过与县域普惠金融地区政府合作，网商银行可以获得政府端提供的土地确权信息、家庭关系信息和农业财政补贴等信息；通过与银保信平台合作，网商银行基于农户身份判断之后，也可以调用全国的农业保险信息。这些数据都可以对农户的数据信息进行交叉验证：一方面可以佐证和交叉认证客户的真实生产经营身份；另一方面在确定农户身份之后，也会唤起卫星遥感技术对于农户的地块识别应用覆盖，将卫星遥感图像和农户自主上传的或政府提供的信息进行交叉验证，进一步控制信贷风险。

二是云平台保障数据安全和隐私保护。值得注意的是，网商银行特别注重对客户隐私数据的保护。通过阿里云单独的数据存储平台处理数据，解决了大众所担心的一些数据安全和隐私保护问题。

（三）人工智能等数字科技赋能，提升农村金融运营效率

虽然相比于网商银行通常的"310"模式，"大山雀"系统增加了卫星遥感技术在风险模型中的应用，但这并没有额外增加农户的贷款申请环节和操作，农户在前端申请贷款以及贷款的拨付和支用环节，都与网商银行通常的"310"模式一致。目前，网商银行提供的贷款主要是一年以内的信用贷款，还款方式分为随借随还、随支随取、按日计息，在此过程中没有任何的提前还款手续费，这些快速便捷的服务和精准的贷款额度与定价都得益于人工智能等数字科技的赋能。

三、主要成效

网商银行首创基于卫星遥感技术的"大山雀"系统充分发挥了数字科技优势，解决了以往金融机构服务农户的几大痛点，从而有效解决了农户面临的"双重排斥"问题，大幅提升了农户的获贷率，进一步助力农村普惠金融，让更多的农户可以获得更加精准便捷的资金支持，从而更好地进行农业生产经营。

（一）推广情况与覆盖范围

"大山雀"系统在网商银行涉农贷款中服务最多的客户来源于种植行业。对于主粮作物，网商银行从模型覆盖到识别能力覆盖上，主要是水稻、玉米、小麦三个主粮品种，模型识别准确率可以达到 93%。2020年 9 月，"大山雀"系统在外滩大会上宣布正式商用，使得中国成为全球第一个把此类科技运用在农村贷款领域的国家，帮助农户解决贷款难的世界级难题，更便捷地享受数字科技带来的普惠金融。2021 年，"大山雀"系统再次升级，在国内当前没有存量模型可应用借鉴的情况下，完全依靠自研模型，已经成功识别苹果、柑橘、猕猴桃等经济作物（见图3-13）。

陕西率先向果农推广网商银行卫生摇感信贷技术"大山雀"，
陕西洛川苹果种植户何功庆成为首批获得卫星贷款的果农

图 3-13　陕西果农何功庆

截至 2022 年底，"大山雀"系统已识别 60 种农作物，准确率达 93% 以上，已帮助超 100 万种植户获得贷款，成功入选农业农村部"2021 数字农业农村新技术新产品新模式优秀案例"，并成为中国唯一入榜"2021 全球农村金融技术创新榜单"的农村金融创新技术。

(二) 贷款规模、覆盖群体与信用风险

在"大山雀"系统上线两年多的时间内，全国已有超 100 万种植户通过该技术获得网商银行数字贷款。更重要的是，在网商银行服务的客户群体中，有 80% 以上的客户是历史首贷客户，也就是当前同业机构由于触达成本或获客成本较高，还没有享受到下沉服务的客群。而他们也确实有很多的生产经营需求，因此，网商银行提供的线上信用贷款产品，凭借其独特的数据技术和科技优势，服务了大量的征信"白户"或贷款首用客户。

与此同时，2022 年受整体经济下行的影响，网商银行面临的风险也发生了一定变化，涉农贷款整体的余额不良率略有上升。尽管如此，网商银行服务农户客群的数量还是在不断增加，且风险的提升更多牺牲的是网商银行的利润，风险定价并没有显著提升，依然维持了 2020 年和 2021 年的对客利率定价，即并未增加农户的贷款成本。

（三）基于数据优势，为中小金融机构提供助贷服务

除了利用"大山雀"系统直接给予农户信贷支持，网商银行还基于其强大的数据优势，积极与传统银行开展联合贷款合作，辅助中小金融机构为农户提供信贷支持，进一步扩大普惠金融范围。

传统地方银行受制于农户贷款运营成本高、缺乏相关信息等问题，存在"慎贷"现象。网商银行可以利用"大山雀"系统的遥感大数据，以及行为数据、税务数据等多维度数据，识别和评估潜在客户，向合作银行提供候选客户建议，再进行联合贷款服务，扩大对农户的信贷覆盖面。

四、突破与挑战

网商银行"大山雀"系统基于卫星遥感技术取得的成就离不开网商银行农村金融团队成员的潜心钻研。但是在"大山雀"风控模型开发和应用的过程中，他们取得突破性进展的同时，也面临着新的挑战。

（一）从业界主流的主粮作物识别扩展到复杂的经济作物识别

从主粮作物领域延伸到复杂难以识别、且当前国内没有存量模型可应用借鉴的经济作物领域，大量拓展经济作物的识别和对种植经济作物客户的服务，是网商银行的另一重要突破。

由于经济作物的品类非常复杂多元，想要精准识别经济作物是比较困难的，这也是国内当前比较空白的领域。以果树为例，不同树木的情况以及不同树木从挂果期到成熟期再到盛产期的不同阶段，都需要长期的跟踪和维护，在国内存量的卫星遥感作物识别模型没有针对经济作物的情况下，网商银行通过自研的形式，实现了融合识别不同分辨率的影像，提升了水果等经济作物的识别精度，目前已经成功上线了苹果、柑橘、猕猴桃等7种经济作物模型，实现了品类的研发、上线；模型的上线和贷款客户覆盖率在国内处于领先地位，在行业内尚属首次。

（二）在大量农村地区的推广应用还有很大提升空间

根据网商银行农村金融团队对客户调研情况的反馈，大量的客户没有使用贷款的原因主要是不知道或不信任。因此，网商银行"大山雀"系统涉农贷款在进一步推广应用中存在较大的挑战，在广大农村地区还有很大的提升空间。过去的网络 P2P 诈骗等给客户造成了较大的影响，导致其对网络贷款的信任度较低，而较低的信任度也对网商银行的推广应用造成了一定的挑战。所以在未来的贷款应用中，网商银行线上涉农信用贷款仍需通过政府、监管部门和媒体报道等渠道进一步宣传普及，改善农户对于线上信用贷款产品的感知情况，实现更大范围的农村普惠金融。

五、结语

网商银行将自身发展与国家和社会的需要有机结合，不断服务"三农"群体，助力农村地区数字普惠金融发展，拓展金融服务领域，成为农村金融的"有益补充者"。

一方面，网商银行首创的"大山雀"系统与其他风控模型不同，通过卫星遥感大数据、行政管理大数据和人工智能模型算法的结合，可以获取可信动态数据作为信贷决策的依据。它既可以替代传统金融机构信用评价、打分等依赖的数据，也可以替代数字金融机构"线上交易"等依赖的数字痕迹数据。因此，可以有效缓解"双重排斥"问题，在农户依然缺乏相关数据信息以及传统银行和数字风控模型无法覆盖的情况下，让"三农"融资有了更多新的可能性。最终，其实现了数字科技升级农村金融，扩大了"首贷"范围，进一步推进了农业农村普惠金融的发展。

另一方面，网商银行与地方中小银行的资金合作、数据合作、"引流"助贷等，可以解决地方中小银行自身科技能力不足的难题，提升地方中小银行的数字化普惠金融服务能力，改进业务模式，降低中小银行服务农户的成本，提高时效，更好地服务农户，助力农村普惠金融。

第四节　菜鸟乡村：畅通农产品供应链"最先一公里"[①]

在数字社会中，依托全新的数字技术，许多产业获得了前所未有的发展动力，但是数字技术并不天然地将机会均等地分配给不同群体，更常见的是形成了多样的数字鸿沟。要想在一定程度上缩短数字社会中城乡间的获利差距，不仅需要加强本地产业，还需要发展与网络零售活动相适应的成熟物流体系，特别是加强乡村物流基础设施建设。针对这一问题，财政部办公厅、商务部办公厅、乡村振兴局综合司发布了《关于支持实施县域商业建设行动的通知》，其中特别强调要"加快补齐农村商业设施短板，健全县乡村物流配送体系"，完善县乡村三级物流配送体系。但是，仅依靠政府"输血式"支持县乡村的物流体系建设难以持久，更重要的是形成可持续的物流商业体系。特别是对于包裹货物量较少的地区，在未产生规模效应之前，如何设计适用于欠发达地区乡村物流的经营环境，使之融入全国商业体系的大循环中，需要有特别的、定制化的解决方案。

近些年，许多县域联合菜鸟集团乡村事业部（以下简称"菜鸟乡村"）围绕县域物流体系展开了多样化的建设实践并取得了一定的效果。梳理这些案例模式，有助于我们重新思考乡村物流体系建设的关键节点。

一、构筑县域共配的技术基础

对于农村和欠发达地区，由于道路情况复杂、包裹货物量不足、本地快递站人员不足、乡村无人有能力承接快递中转等问题，依靠传统物流的市场逻辑无法向下延伸。这一局面导致一些地区被一定程度上隔绝于电子商务发展的浪潮之外，快递配送困难又进一步降低了农村人口消费的愿望，影响农村产品上行出村。

---

① 本案例由中央财经大学社会与心理学院讲师、博士张树沁提供。

　　面对这一物流困境，一个最为现实的路径是整合多家快递品牌，形成共配中心以规模效应降低派送成本。但这一想法面临着各类组织和技术难题：由于不同快递公司内部有一套自行设定的编码规则，一旦进行整合之后，按照谁的规则执行派送，这一问题难以运用传统市场规则协调解决。多公司间的协调问题常常使得规模效应难以在快递物流量较少的地区出现，特别是欠发达地区和农村地区。

　　为解决这一问题，菜鸟乡村通过数字化手段支持搭建了一套处理快递包裹的自动化分拣物联网设备，帮助快递企业建设县域快递物流智慧共同配送项目，使得各家快递公司无须修改内部编码标准，就能实现高效的共同配送。基于菜鸟研发的出库监控自动识别设备、自动分拣流水线和各家快递公司编码规则整合的算法支持，能实现几乎所有快递公司货物入仓、分拣到分派给快递员的自动化全过程。目前，菜鸟乡村通过"互联网+物流"数字化方式，帮助全国上千个县域，数千家快递企业建设物流共配项目，推动县乡村物流软硬件及运营模式升级，助力农村物流集约化、标准化、智能化发展。当下已建成县级共配中心 1200 多个、县乡村三级共配站点近 5 万个（含村级站点 1 万多个），业务覆盖 16000 多个乡镇（见图 3-14、图 3-15）。

图 3-14　菜鸟重庆江津区快递共配中心现场

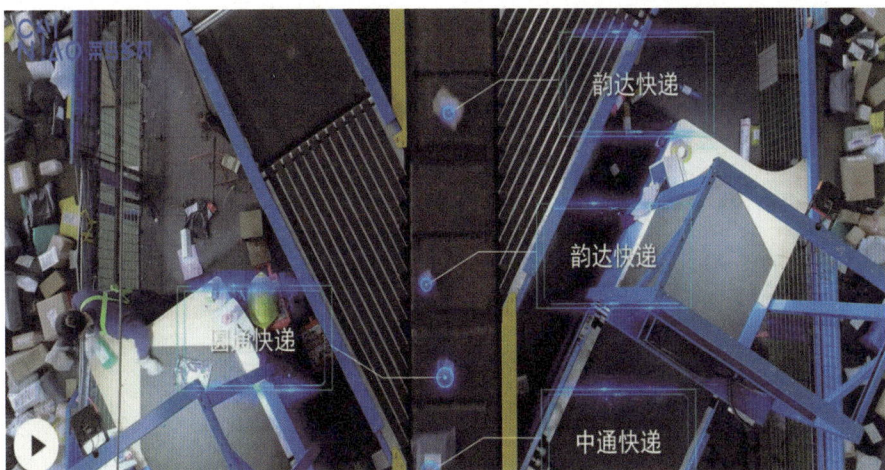

图 3-15　菜鸟快递共配中心同时混扫识别多家快递品牌包裹电子面单信息

以浙江省丽水市青田县为例，青田县是浙江山区 26 县之一，相较于浙江其他地区，经济发展水平较差，进出港物流包裹数量与浙江强县之间有很大差距。菜鸟的共配项目帮助全县整合主流快递品牌达 5 个，共配中心和共配末端站点平均每天处理包裹 75000 个，占全县进港物流包裹近 90%，实现县域物流共配的深度融合。这一融合的技术基础来源于菜鸟的自动化分拣物联网设备。在使用菜鸟乡村物联网设备之前，传统的物流共配，每天平均派件 4 万件包裹，需要 63 个钟点工和 18 个临时工完成分拣与配送工作；在使用菜鸟乡村物联网设备之后，每天平均派件 7 万件包裹，仅需要约 40 个钟点工即可完成分拣与配送工作，平均每人从处理 494 件包裹提升到了 1750 件，效率是以往的 3 倍（见图 3-16）。在使用共配之前，商业物流虽然能够覆盖青田县 100% 的乡镇，但是对村一级的覆盖率仅能达到 30%。在与菜鸟合作实现数字技术支持的共配后，菜鸟协助改造县乡村三级共配站点 61 个，覆盖乡、行政村 363 个。共配中心的运行成本显著下降，使得共配企业有能力拓展乡村的物流配送业务，打通农村地区的电商消费场景通路，物流对本县农村的覆盖率提升至 83%。共配中心的运作也同样实现了农村产品上行成本下降，根据不同地区的单量水平，共配后平均上行单个包裹成本下降 48 分钱，成为助力农村产品上行的直接推动力。

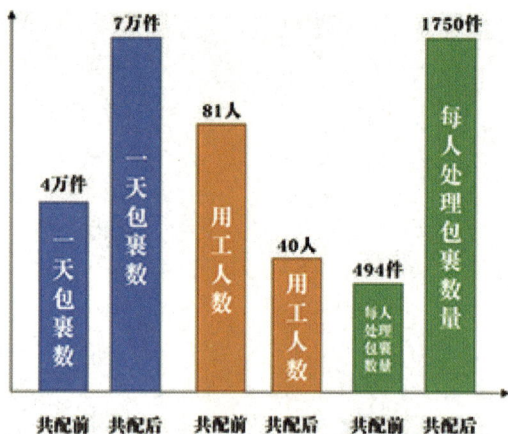

图 3-16　浙江省丽水市青田县共配前后包裹处理数量对比

二、激活乡村站点的毛细血管

县域共配中心的智能化改造解决的是县域节点上下行物流成本的问题，而特定站点才是决定某一区域能否被纳入整个物流体系的关键。若仅降低县域共配的成本，无法解决特定站点商业模式的自洽问题，物流配送体系依然会丧失基层的"毛细血管"。以乡镇物流代收点为例，与分散在城市小区的快递柜等代收点不同，乡镇物流代收点有以下特点：第一，由于乡镇站点较少，单个站点的包裹量相对城市社区来说较大，取件人依靠肉眼寻找包裹十分困难；第二，取件人文化水平有限，依靠识别快递面单上的文字取件的方式效率低下；第三，取件人常常因取件距离较远而希望为同村邻居或近亲一起取包裹，这又显著增加了取件查件的时间。代收点的低效运转常常造成乡镇物流代收点入不敷出，降低了商户开设代收点的意愿，进一步损害了乡镇物流快递的产业完整性。

为解决乡镇终端取件问题，菜鸟乡村也在用数字化改造代收点。传统的代收点一般是取件人证明身份（如报手机号、出示取件信息等），代收点工作人员协助取件，这种封闭式末端站点模式在应对人流量较小的城市社区尚可有效运作，但在人流量较大的乡镇地区，运作效率太低。如果让取件人自行取件，受限于其文化水平等因素，也会造成现场的混乱。因此，菜鸟乡村尝试通过技术手段解决这些问题，如高拍仪实现包裹的快速签收，还有一个值得关注的小技术发明，使用会发光的智能取件"灯条"引起取件人的直观注意：代收点工作人员只需在收到包裹后扫码，在快递上附着一个"灯条"置入取货架即可，包裹上架效率明显提升，如图3-17所示。代收点后台终端将自动根据用户习惯，完成通知取件人错峰取货等工作，无须代收点工作人员再进行操作。待取件人取货时，只要通过代收点门口机器扫码，关联包裹上的灯条就会自动发光，取件人跟随对应提示颜色的光源取走包裹，即可完成取件的全过程。

图3-17 夹在快递包裹上的"灯条"

该系统最为直观的效果是将整体效率提升了30%左右。如内蒙古赤峰市巴林左旗碧流台镇共配站点于2022年采购750个智能取件灯条和高拍仪后，消费者仅用扫码即可实名自助取件，无须排队。2022年"双11"期间，日包裹数由上年的400个增至700个，每日上架时间仅用1.5小时，较之前缩短了2小时，单个包裹取件仅用30秒钟，较之前缩短了2分钟，前期取件堵、漏取件、找件慢、找件难问题完全得到了解决。2022年，菜鸟乡村泰和县共配中心推动共配中心、县乡村末端站点标准化、可视化、智能化改造升级。截至2022年12月，该县在33个站点上线3万余个数智化取件灯条，提高站点取件时效 35%，降低站点运营成本 25%，年整体减少成本 30 万元。

除了通过技术赋能降低成本来激活基层站点，菜鸟还积极探索通过商业模式来运营基层站点，将集团内外的商业资源与基层站点对接，打造传统物流难以自发形成的商业模式。以山东郓城县为例，菜鸟和淘菜菜的快递电商团站点融合业务，用时一年覆盖 20 个乡镇、117 个村点，服务用户超过 1 万人，融合团站点 100 余个（全量铺设广告一体机设备），涵盖淘菜菜、快递、广告等业务，有效推动站点商业化升级和创收，每月增收 1000 多元。同样，在湖南耒阳，末端共配站点通过叠加社区电商业务，每月增收 500 元。项目实施仅半年，当地快递进村覆盖率便从不到 1% 增至近 70%，村级站点日均派送包裹 10~50 个，单个站点月收入最低的增长 40%，最高的达 150%。

技术支撑的降本增效使得县域商业体系建设的"毛细血管"站点能够自我造血，大幅提升了农村地区的物流覆盖率，最终实现县域物流下行体系的持续运转。

三、促发农产品的出村进城

菜鸟乡村在建设县域物流共配项目的同时，还积极建设县域农产品上行产地仓、加工中心等，帮助当地升级农产品数字供应链和品牌能力，拉动农产品上行。

自 2020 年以来，菜鸟与越来越多的县级政府和龙头企业开展合作，共同推动产业带供应链能力升级。截至 2022 年 11 月，菜鸟乡村已在全国 12 个省建设 38 个农产品上行供应链项目，其中产地仓 14 个、上行中心 20 个、加工中心 4 个。已开仓（不含上行中心）面积 8 万平方米，日处理包裹能力 100 万单。在助力升级农产品数字供应链和品牌能力、拉动农产品上行等方面取得了显著效果。

2021 年 11 月 15 日，位于江西省赣州市寻乌县（阿里巴巴乡村特派员驻点县域）幸福小镇的菜鸟农业产地仓开仓，面积达 5500 平方米。该项目由寻乌县人民政府、寻乌县经投、阿里巴巴公益基金会、菜鸟乡村及当地商企联合投资建设，仓内包含 1 条双通道脐橙智能光电分选设备，4 条高标半自动智能水果包装线及 1 条水果精品包装线。11 月开仓，供应链履约能力初具规模，整个产季赣南脐橙累计发货 80 万单，共发出 120 万千克脐橙，日峰值出货量 4 万单，日均 1 万单。通过阿里内购平台，将寻乌脐橙推送给超过 20 万阿里人，寻乌脐橙成为阿里内购平台销售第一单品。在菜鸟内部，为菜鸟供计提供 2 万份寻乌脐橙作为春节开门红大礼包。寻乌脐橙首次试水高端消费场景，春节前夕为银泰提供 4 万单带寻乌标志的春节礼盒装。通过阿里各渠道对寻乌脐橙进行全方位的线上宣传和售卖，共计超过 6000 万人次通过各途径了解了寻乌脐橙。

上述成绩的取得，依靠的就是菜鸟产地仓链接城乡的重要节点作用。在寻乌产地仓，一方面，通过自动化设备投入，解决脐橙的分选分级，加工效率提高 50% 以上，损耗降低 10% 以上，基本解决农产品标准不统一、不可控、损耗大的痛点，将农产品打造成符合城市消费者偏好的标准品。另一方面，通过连接成熟的商业渠道，推动当地商家打开淘宝、天猫、淘特、抖音等销售渠道。同时，提供入仓直播、一件代发等服务，为返乡创业年轻人提供就业机会。截至 2021 年底，该仓已具备完备的采购、销售、包装、分选、干线等履约能力，以及单日 10 万千克的加工能力。

菜鸟凭借多年在电商领域积累的仓储配送和供应链线上履约、数据监控、运营管理等方面的优势，结合农业领域特殊场景，研发了一套成熟的、业内领先的集采供交易和产地供应链履约于一体的数字化线上产品，该产品可支持企业资质认证、在线报价、在线结算，出入库订单的接入、智能汇波出库、在线加工生产、库位管理、效期管理，入库生产流程、品控管理等功能，彻底解决了农产品管理和溯源难题。

四、经验启示

菜鸟物流体系建设的实践探索，对于县域物流体系建设具有启示作用。菜鸟乡村的实践可以用九个字来概括："聚起来、分下去、引上来。"只要这三部分实现整合，县域物流就能形成一个内生稳定的体系，从而有效助力县域商业体系建设。

　　"聚起来"，即以县域为主要节点，整合县域内多个快递品牌，在保证市场竞争的同时，实现县域快递配送的规模效应。实现这一点必须依靠共配科技和组织模式的创新。这样不仅能在效益和成本上跑通经济账，也能在县域的快递组织上统一步伐，实现县域物流资源的统筹和引导。

　　"分下去"，即在县域内的品牌聚起来的前提下，通过多个快递公司的统筹协调，实现基层站点覆盖率的稳步提升。基层站点的存续仰赖于派单费用和其他附加的商业收入，"聚起来"实现的是规模效应下整体派单费用的提升，但站点能否盈利仍依赖站点的实际运作效果。基于上述案例我们可以看到，站点不仅依靠技术创新降低物流成本，同时还依靠组织创新引入更多的商业伙伴来提高站点的收入。对于县域来说，是否有成熟的"分下去"模式，直接影响了县域商业体系建设的覆盖能力。

　　"引上来"，即发挥物流对农村产品赋能上行的能力，依托物流科技保证农村产品与更多地区的消费偏好相匹配，从而真正让农村分享数字社会中产业发展的红利。"引上来"对于农村地区产业的发展最为关键，只有将农村地区产业更紧密地纳入数字社会城乡发展的共生体中，才能真正在共同富裕的背景下实现乡村振兴。

第四章

数字乡村场景——疆内篇

乌苏市：智慧水利，为数字乡村建设筑基础

乌苏市隶属于新疆维吾尔自治区塔城地区，位于塔城地区南部偏西，东与克拉玛依市、奎屯市、沙湾市毗连，南与尼勒克县相望，西与精河县为邻，北与托里县接壤，全市总面积 2.07 万平方千米，下辖 5 个街道、10 个镇、7 个乡，常住人口 26.29 万人。主要以农牧产业为主，农业种植小麦、玉米、油菜等作物，畜牧业多养殖绵羊和骆驼。2023 年 5 月，成为第一批新疆数字乡村试点地区（详见附录 3）。

2016 年，乌苏市在全区率先建立了智慧水务中心，依托互联网、大数据、云服务、数据融合、开放共享等新技术，优化现有业务流程，把"数字赋能、数字孪生"作为治理能力现代化的有效抓手，从全面提升感知能力、全面加强互联互通、提高基础设施能力、实现信息充分共享、智慧应用等五个方面进行水利信息化探索与实践，着力推进水利信息化与水利行业强监管的深度融合。搭建了水资源综合管理平台和水利门户综合网站，建成了以"1 个中心+1 个平台+1 个门户"为重点的智慧水利综合监管体系，推进乌苏智慧水利建设。

乌苏市智慧水务中心主要通过集成各种水务设备和传感器，实现对地区水务的全面监测、分析管理，以水资源综合管理平台为"桥梁"，为居民提供优质的水务服务，以推动水务行业的智慧化和可持续发展。

水资源综合管理平台包含"井电双控"智能计量监控管理、城乡一体化供水信息化管理、大坝安全监测等系统。平台实现了数据从采集、传输、处理、整编、分析、展现以及推送的规范化服务，将涉及水利业务全局的基础数据及其他业务中需要共享的数据进行基础数据整合和业务共享

数据整合。在此基础上，加强水资源统一调配和各类数据的统计、对比、分析，及时公布全市、灌区的乡镇地下水、地表水用水量、水资源费缴纳情况，及所有指标的同比、环比情况，为决策提供准确依据（见图4-1）。

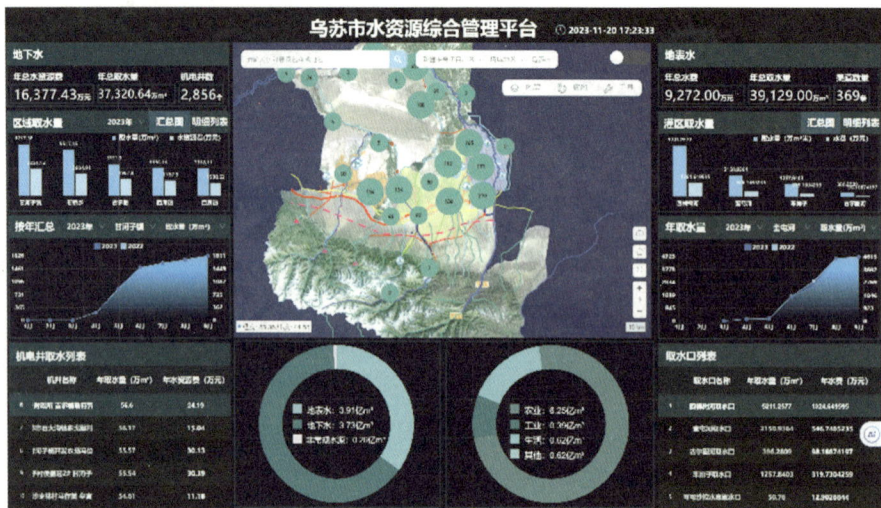

图 4-1　水资源综合管理平台首页

"井电双控"智能计量监控管理系统已投入使用近 8 年，（1）可以实时监控全市机电井的运行情况，实现科学化精细化管理，对于超计划用水、非法取水、不缴纳水资源费等情况的机电井进行监测；（2）摸底了全市农业灌溉用水的土地性质、面积、灌溉方式，建立了全市机电井的基础信息库；（3）通过基础信息库，开展水价改革工作，按照自治区《关于调整我区水资源费征收标准有关问题的通知》政策文件，实行差异化水价和阶梯水价，对超计划用水的机电井，实行阶梯水价和累计加价；（4）保证了水利规费的应收尽收，通过"井电双控"智能计量管理系统对地下水资源进行精确管理，乌苏市水资源费征收从建设之初的 1136 万元增长到了2023 年的 1.64 亿元，水利规费征收处于稳步增长趋势，水资源费的应收尽收得到了有效保障。目前，乌苏市有 2856 眼规模以上机电井均已安装"井电双控"计量设施，24 个地表水一级取水口全部安装计量设施（见图4-2）。

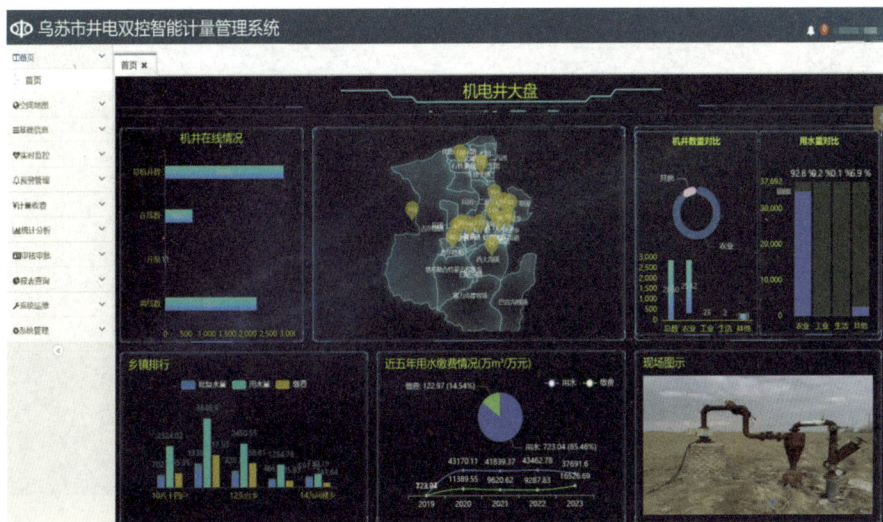

图 4-2 "井电双控"智能计量监控管理系统页面

城乡一体化供水信息化管理系统通过集成各类水务数据和应用先进的信息技术,实现对供水资源的全面监测、管理。通过城乡一体化供水项目的实施,(1) 完成市区 47000 块及乡镇、村队 13600 块的智能水表升级工作,提高乌苏市供水安全精细化管理水平,优化管理手段,使供水信息公开化、透明化,实现供水全过程信息化管控;(2) 实现供水工程区域集中调度、巡检、运维,达到"一控、三保、四减"(控成本,保安全、保水质、保服务,减人、减电、减药、减漏损)的管理目标;(3) 丰富对乌苏市各水厂的监管手段,保障各片区供水系统能够长期稳定,可靠运行,并能对区域内的供水突发事件采取及时可靠的响应和处理(见图 4-3)。

大坝安全监测系统通过集成多种传感器和监测设备,实现对大坝的全面监测和评估,提供预警和决策支持,以保障大坝的安全性和稳定性。目前全市所有水库均安装了大坝安全监测系统并投入运行,在维护稳定和安全生产等方面可通过视频监控随时调度,减轻了职工的劳动强度,提高了工作效率和内部管理水平(见图 4-4)。

图4-3　城乡一体化供水信息化管理系统页面

图4-4　大坝安全监测系统页面

　　乌苏市水利门户综合网站集成水利行业的各类信息和资源，为用户提供全面、及时、便捷的水利信息和服务，也是政府与公众互动的桥梁，增强了水利行业的透明度和公众参与度。水利门户综合网站主要为用户提供以下几项服务：（1）发布乌苏市乃至全区水利行业的最新政策、法规、规划和标准等信息，帮助用户了解水利行业的发展方向和政策导向；（2）提供水利行业的新闻报道、案例分享和行业动态等信息，及时更新行业动态，帮助用户了解行业最新发展和重要事件；（3）提供水利行业的专业知识、技术文章和学术研究成果等信息，帮助用户深入了解水利领域的理论和实践，提升其专业技能和水平；（4）提供水资源、水环境、水利工程等方面的数据统计和分析报告，帮助用户了解行业的数据背景和发展趋势（见图4-5）。

图4-5 乌苏市水利门户综合网站页面

下一步，乌苏市将认真贯彻"水利工程补短板、水利行业强监管"的水利改革发展总基调和"安全、实用"水利网信发展总要求，坚持问题导向，补齐信息化短板，支撑行业强监管。同时，乌苏市也将从以下几个方面持续加快推进智慧水利建设，发展数字孪生，提升水利信息化水平，为水治理体系和治理能力的现代化提供有力支撑与强力驱动。

一是以人民为中心，回应人民群众对美好生活的新需要，推行"互联网+"，让"数据多跑路、群众少跑腿"。进一步强化水利信息化对普通民众的便利性和可操作性；加快投入应用已研发的微信缴费小程序，同时，丰富已注册公众号内容的实质性、可操作性；加快手机APP的研发。通过各种渠道和现代化手段进一步便民、利民，并做到公开、透明。

二是以"强监管"为总体思路，加快智慧水利一体化应用门户的开发和应用。对各类取水设施全部安装远程控制计量监测设备，实行总量控制与实时监控相结合；对河道治理、重点水利工程建设进行全程监控，确保工作有序推进、工程保质保量；对全市水资源费计量征收进行全过程监督，敦促供水企业提高服务质量和服务水平，确保公平、公正。

三是以强化政府职能为目的，推行"受办分离"和"最多跑一次"改革，对行政许可审批、水行政执法、办公 OA 业务流程进行全面规范；对各类水事行为实现全过程透明、全过程留痕，对办理结果进行公示，自觉接受社会监督。

四是全面做好智慧水务的整合升级。首先，按照国家智慧水利发展要求，巩固并提升乌苏市现有水利信息化建设成果，加快推进现有信息化数据平台整合升级力度，并高效投入使用；其次，尽快获得信息化运维服务的特许经营许可；再次，加强水利信息化基础设施建设、现有信息化资源整合与共享，提高水资源动态监管、水库大坝安全监测、水雨情监测、山洪灾害防御、饮水安全、农业水价改革、智慧河湖、智慧灌区的信息化管理综合应用水平；最后，按照水土保持建设要求，加快推进无人机航拍、遥感监测等数字化监管手段，全面掌握河湖健康、生产建设项目实际扰动与水土保持动态。

五是推动数字孪生水利建设。以"天空地"一体化水利感知网、数据资源开发利用、模型产品、高性能算力资源池、智能业务应用系统为重点，推动参与数字孪生流域、数字孪生水网、数字孪生工程建设。

第二节　玛纳斯县：智慧节水，让农业增效、农户增收

玛纳斯县，位于新疆昌吉回族自治州最西端、天山山脉北坡中段、准噶尔盆地西南缘、玛纳斯河东岸，总面积约 11067 平方千米。玛纳斯县经

济以农业为主，主要农作物有棉花、玉米、小麦等。2023 年 5 月，玛纳斯县成为第一批新疆数字乡村试点地区。

2021 年，玛纳斯县推广智能化节水滴灌系统，应用卫星遥感监测、物联网设备等智能装备，打造 2000 多亩①的棉花示范园，通过电脑、手机等设备随时随地掌握田间动态信息，利用手机 APP 实现远程操控管理。2022 年，玛纳斯县打造种植玉米信息化示范基地 15000 亩、智慧农场示范基地 5400 亩、高产创建示范田 3 块，建成大田作物物联网 5 个，服务面积超 10 万亩。2023 年，玛纳斯县提升改造 30 万亩高标准农田。在此基础上，利用高标准农田建设项目资金，引入水肥一体化技术，建设 40 万亩的"智能水肥一体"数字农田，实现了智慧节水。

玛纳斯县把数字农业实施与高标农田建设同步谋划、同步推进、同步实施，积极探索数字农业发展新模式。通过搭建智慧农业大数据平台，以大数据平台为底座，打造智能电动阀、四情仪、水肥一体化、慧凤收 APP 等一整套覆盖耕种收管的数字化系统。智慧农业大数据平台为农民科学精准田管和智慧节水提供了有力的数据支撑（见图 4-6）。

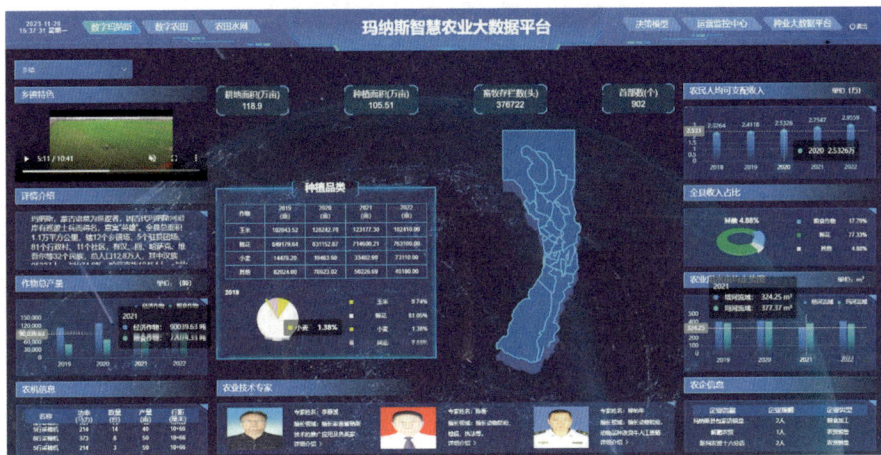

图 4-6　智慧农业大数据平台首页

---

① 1 亩约合 666.67 平方米。

以下是玛纳斯智慧农业大数据平台的几个重要模块。

一是"一屏通览"。借助相关智能化技术设备，采集土壤、空气、温度、光照和养分等监测数据，查看玛纳斯全县田块分布展示，清楚知道田块分布以及田块数量和种植面积，为农业生产和管理提供可靠的数据支撑，并将信息展示在智慧农业大数据平台上（见图4-7）。

图 4-7　数字农田"一屏通览"页面

二是农田水网。依靠农田传感终端设备对各乡镇农田用水量、农田亩均用水量、首部（泵）水量进行检测和统计，并依据用水量对其分类。用户可以根据乡镇、泵房管理员、田块用水量等词条进行筛选，查看泵房、田块亩均用水量、农田用水分析、各乡镇用水分析、首部（泵）用水量等信息（见图4-8）。

三是决策模型。智慧农业大数据平台对收集的农作物水肥使用情况进行分析，生成长势分析表、用肥分析表、用水分析表，并通过系统定时推送给农户，告知农户目前农作物的生长情况，同时为农户提供专家在线解答服务（见图4-9）。

图4-8　农田水网页面

图4-9　决策模型页面

　　四是运营监控中心。平台对智慧电动球阀、施肥罐、泵房、视频监控等物联设备在线状态、电量显示、信号强度等信息进行监测，并展示在视频监控分布图上，点击视频监控图标即可查看视频监控实时画面，反馈设备监控预警信息，用户可以及时对"问题"设备进行维护处理（见图4-10）。

　　玛纳斯县借助于无线传感技术，能够感应和监测土壤中的 pH 值大小、空气温度与湿度数值、太阳光照强度、农作物养分含量等信息。如遇农作物养分严重缺失，自动预警系统将快速响应并发出预警信号，反馈至慧凤收 APP，种植户即可根据预警信号及时采取有效的补救措施，降低损失（见图 4-11）。

图 4-10　运营监控中心页面

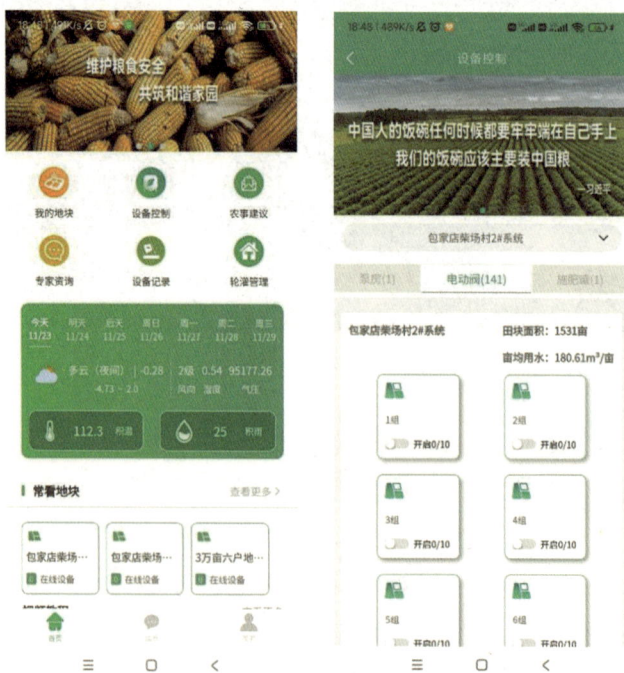

图 4-11　慧凤收 APP 页面

种植户也可以使用慧凤收 APP 控制智慧电动球阀，实现智慧节水。决策模型系统将水肥用量分布数据反馈至慧凤收 APP，种植户结合水肥用量分析表，使用慧凤收 APP 对智慧电动球阀一键远程操控，进行精准节水、施肥（见图 4-12）。

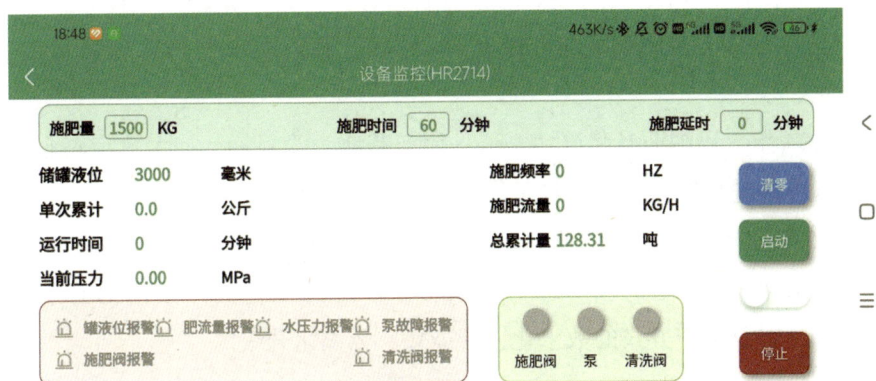

图 4-12　慧凤收 APP 远程操控页面

2023 年底，玛纳斯县数字农田实现棉花作物节水 10%～20%，节肥 5%～15%，每亩可节水 28～33 立方米、增产 20 千克。全县已安装智慧电动球阀 2.85 万套，施肥罐 951 个，"四情"检测设备 193 套，使用杀虫灯 300 余盏，性诱剂 900 余套，黄蓝板 5000 余张，累计使用液体肥 3 万吨，新安装太阳能杀虫灯 487 盏。

玛纳斯县通过建设数字农业实训基地，运用先进的数字技术和农业科学知识，培养农业从业人员的实际操作能力和创新能力。数字农业实训基地面积为 650 平方米，分为 7 个功能区：数字农业大数据平台展示区、智能装备展示区、高标准农田水肥一体演示区、土壤和液体肥展示区、农林水牧机展示区、数字农业智能设备实操区、数字农业培训室。通过展示数字农业大数据平台、慧凤收 APP 以及智慧电动球阀、四情仪等智能设备的操作、维修等，为种植户、农技人员了解数字农业、熟练使用维护各类智能装备提供平台。以"理论培训+实践操作+现场考察"方式对参训人员进行考核，为考核合格的人员颁发结业上岗证书。

玛纳斯县数字农业建设效果显著，相较于传统农业种植模式，如今种地只需低头看屏，就能实时掌控农作物长势、土壤湿度、温度、光照等情况，实现"点对点"遥控指挥。滴灌可以在手机上远程打开电磁阀，滴多少水、施多少肥，均可精确控制；土壤墒情可以在手机上查看，土壤含水量太低就会自动推送提示信息；查看作物长势、实现病虫害等情况远程监控；甚至还可以请教专家进行线上"会诊"，真正实现种植管理精细化、智慧化。

2024 年，玛纳斯县将以"一心一园三基地"为目标，加大数字农业建设力度，推进园区和基地建设工作，新增建设数字农业基地 30 万亩，力争到 2025 年建成数字农业基地 100 万亩。同时，积极拓展数字农业技术应用范围，助力新疆农业产业发展，实现数字农业与农艺高产技术的有效融合，推动农业生产方式的数字化、智能化、无人化升级。

第三节　库尔勒市：香梨大数据平台赋能香梨产业高质量发展

库尔勒市是巴音郭楞蒙古自治州的首府，位于新疆中部、天山南麓、塔里木盆地东北边缘，北倚天山支脉，南临世界第二大沙漠塔克拉玛干沙漠，行政区面积 7268 平方千米，市辖 9 个乡、3 个镇、14 个街道办事处，常住人口 77.9 万人。因盛产驰名中外的"库尔勒香梨"，又称"梨城"。2020 年 10 月，入选国家数字乡村试点地区名单。

库尔勒香梨产业是库尔勒市发展乡村经济、带动农民增收的重要产业。一直以来，库尔勒市通过狠抓香梨产业的科学化、标准化、规范化管理，持续提升香梨品质。但是随着消费市场的扩大与升级，库尔勒香梨供不应求，仅依靠人工管理的种植模式效率低，数据的采集汇总难度大，费时费力，因此使得香梨种植规模受限，难以继续扩大种植范围。库尔勒市意识到这种传统种植模式的局限性，渴望利用物联网技术改变现状，从而在保证产品质量的情况下，节约生产成本，提升品牌影响力。

为保障香梨产业健康发展，库尔勒市结合本地特色，将遥感、地理信息系统、全球定位系统、自动化、通信和网络等技术结合起来，通过可视化手段，建设集香梨农情监测、数据展示为一体的香梨大数据平台（见图4-13）。

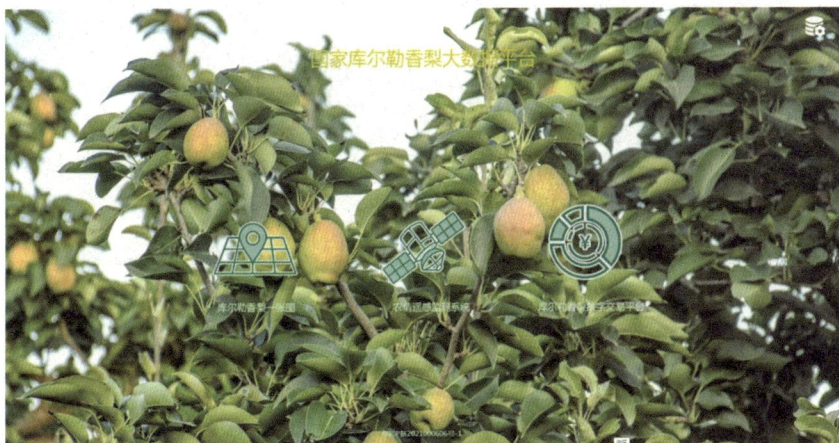

图4-13　国家库尔勒香梨大数据平台页面

库尔勒香梨大数据平台分两期建设。第一期完成软件平台的框架搭建，以数据中心为基础，形成农业"一张图"。第二期建设分为硬件设备安装和软件平台开发两个模块。硬件设备安装包括一体化环境七要素监测仪、监控摄像头及配套硬盘录像机、虫情测报灯、智能巡园车等。软件平台开发包括搭建库尔勒香梨数字化交易平台PC端、库尔勒香梨数字化管理平台、政府职能部门/协会监管端等香梨大数据平台子系统（见图4-14）。

库尔勒香梨数字化交易平台PC端由资讯动态、网上商城、产地行情、金融服务等模块组成，消费者可以通过平台了解库尔勒香梨产业热点动态资讯，各产地香梨价格行情变化，如何线上购买优质香梨产品，获取最新的金融惠农服务信息等。

库尔勒香梨数字化交易平台小程序端以微信小程序为载体，提供产业热点动态资讯浏览、商品查询、商品下单、订单确认、订单查看等一系列线上服务。小程序会员端实现会员实名认证、会员入会审核、会费缴纳、库尔勒香梨原产地地理标志证明商标准许使用证、产品合格证打印等基本功能。

图 4-14　库尔勒香梨"一张图"页面

　　库尔勒香梨数字化管理平台对三个香梨种植基地进行规范化的种植管理，使用物联网监控及预警模块实现对种植基地空气温湿度、光照、降雨量、风速、风向、大气压力等地面气象信息的实时监控。综合运用传感器、智能摄像头、AI农业巡检机器人等高端物联网设备，对农业生产活动中从物到人的全面监控。监控范围包括现场视频、高清图片、环境质量等，并根据设定条件，对各种异常情况进行自动预警与远程控制（见图 4-15）。

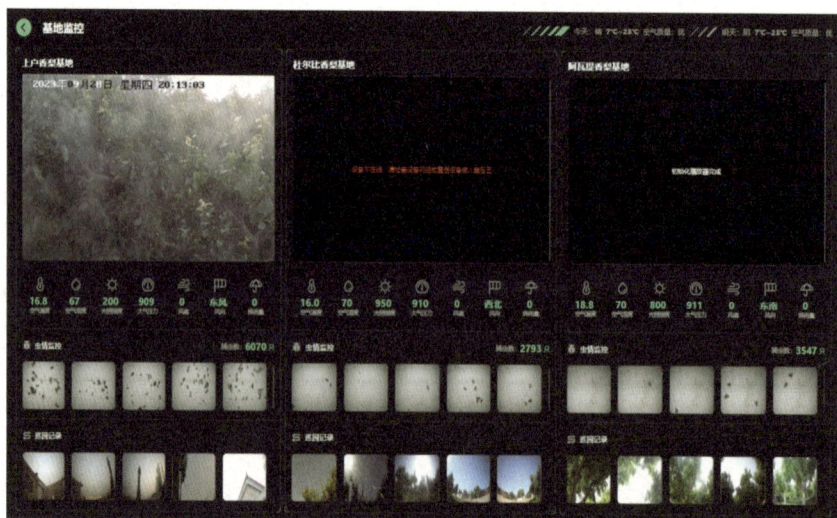

图 4-15　种植基地视频检测页面

政府职能部门/协会监管端利用"一张图"报表实现了对库尔勒香梨种植基地分布、平台会员入驻量、会员基地信息、梨农分布、梨农建档信息、平台交易量、商品库存信息的统计和展示，为政府职能部门及香梨协会提供了直观的统计数据及相关信息，帮助政府及协会更好地做出决策（见图4-16）。

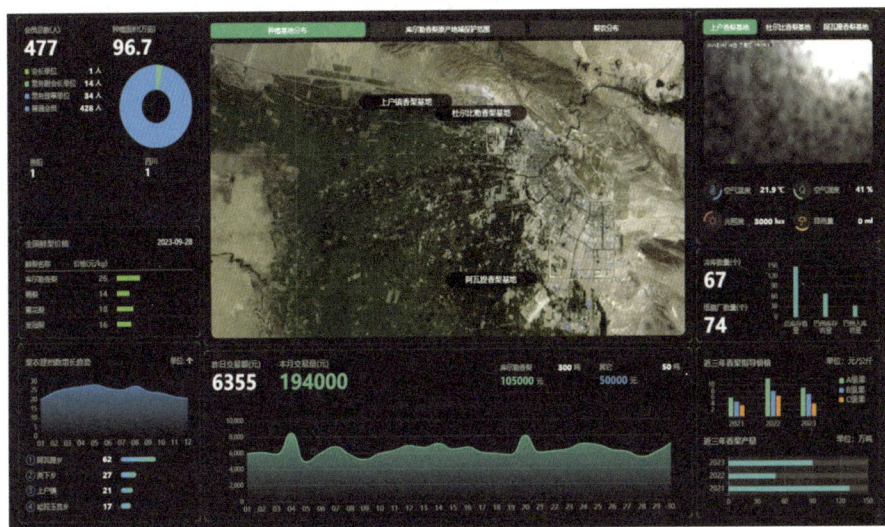

图 4-16　政府职能部门/协会监管端"一张图"报表页面

香梨大数据平台的建设不仅实现库尔勒香梨产业智慧生产、数字化交易及数字产业服务，还提升了库尔勒香梨交易效率及品牌服务能力，聚合政策、管理、生产、销售、金融等产业资源，高效赋能产业发展，有效助力数字乡村建设。

第四节　和田市："电商+品牌"助推产业高质量发展

和田市位于新疆维吾尔自治区西南部、和田地区中部，地处喀喇昆仑山与塔克拉玛干沙漠之间，属干旱荒漠性气候，毗邻2个县，是和田地区政治、经济、文化中心，总面积585.11平方千米。和田市农作物主要有小麦、玉米、水稻、棉花等，盛产各种瓜果。2023年5月，成为第一批新疆数字乡村示范地区。

2015年，和田市抢抓"互联网+"战略发展机遇，以"国家级电子商务进农村综合示范项目"和"2+1"电商产业发展框架为导向，大力推进和田市电商产业发展，推动农村一二三产业融合发展。2021年和田市电子商务公共服务中心经数字化改造，升级为集服务、展销选品、对外合作、培训、孵化、创业等服务内容于一体的地区级综合电商产业园区。

电商产业园由和田伍创农兴网络科技有限公司运营服务，占地面积12.8亩，建筑面积达5300平方米，可满足200人办公及开展电商直播短视频运营工作。园区内设有文化历史展示区、电商发展长廊、供销展厅、直播互动区、电商大数据展区、数字乡村运营中心、众创空间、直播孵化区、产品品控室等功能区，入驻团队可享受办公场地、直播间、设施设备、水电暖、网络宽带全免费使用的政策。

和田市电子商务产业园逐步形成"服务网商+区域品牌+产业融合"的电商助农服务模式。其建设效果主要体现在以下三个方面。

(一) 抓服务、惠网商

一是提升电商公共服务水平。和田市电子商务公共服务中心数字化改造升级为电商产业园区，园区展厅入驻了8个县域公共品牌、120余个知名企业品牌；共计520余款和田地区知名农牧、手工艺品实现线下展销，孵化26家电商初创团体从事艾德莱斯绸、农副产品线上销售。

二是强化线上公共服务平台。开发了和田地区（市）电子商务公共服务中心网站、和田地区电商大数据系统，集电商政策、电商大数据、产品溯源、典型案例、素材展示等功能于一体，为和田市电商产业发展线上公共服务打下良好基础（见图4-17）。

三是打造电商直播示范标杆。在和田全地区打造30个示范直播间，实现了网红达人"拎包直播"，示范直播间日订单量达到2600余单，打造了和田地区（市）"本地达人+小视频+直播带货"的特色发展模式。

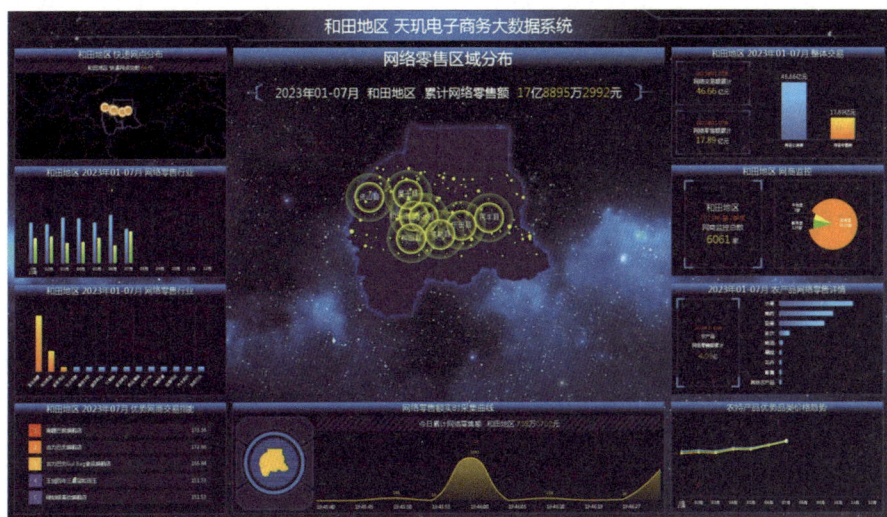

图 4-17　电子商务大数据系统首页

四是升级地区快递物流分拨中心。打造"地区—县域"的"众包"配送模式，"县城—乡村"邮政末端派送模式。对接和田邮政，结合新建的 2000 平方米快递物流分拨中心，使用全自动快递分拣设备，日处理 12 万件快递包裹。

五是升级园区共享产地仓。结合园区入驻企业仓储需求，升级改造 200 平方米电商中心共享仓，用于统一仓储、打包，降低仓储门槛。

六是畅通农产品电商云仓。"和甜悦色"天津云仓占地 1100 平方米，面向和田地区农副产品加工销售企业、电商团队提供电商仓储管理等一体化仓储服务，极大地降低了电商产品的运输费用，提高了和田产品的出疆效率。

七是开发"和甜悦色"订货管理平台。对接全地区 36 家工业品生产、销售企业，累计上架 168 款产品，通过对 8 个县域 120 个站点进行走访地推试点活动，引导电商服务站长在平台订货下单，并逐步走向"厂家—中心—站点"的订单式供货模式，满足了电商服务站点对商品和配送时效的要求。2023 年，平台累计订单达 2200 余单，订货金额达 138 万元，初步形成了"小家电批量供应，食品本地帮扶产销"的模式。

(二) 创品牌、优品质

一是打造"和甜悦色"区域公共品牌。策划打造了"和甜悦色"区域公共品牌,于 2022 年 7 月在天津成功举办品牌发布会,18 家大型媒体先后进行相关报道 80 余次。品牌共打造了 15 款基础性好、唯一性强、极具特色、传播属性强的网红产品,系列产品销售额达 5600 万元(见图 4-18)。

图 4-18 和甜悦色品牌发布会现场

二是提升"和甜悦色"品牌影响力。"和甜悦色"优秀短视频创作大赛、抖音等线上作品浏览量累计超过 9300 万次。2023 年 1 月开始在 CCTV-17 农业频道持续投放"和甜悦色"区域公共品牌宣传视频,提升了品牌知名度和影响力。

三是拓宽"和甜悦色"品牌宣传渠道。结合"和甜悦色"品牌及和田地区文化属性,设计并制作了"和甜悦色"礼盒、手提袋、快递物流箱等衍生产品 22 万余件,免费向电商创业者发放使用。

四是引导网售产品标准化发展。在电子商务产业园区中心设置品控检测室,就 74 家企业 224 款品牌产品进行质量检测,并形成检测报告;搭建和田市溯源管理平台,对和田大枣系列、玫瑰花系列等 55 款产品进行了质量追溯,已发放溯源码 55000 余枚(见图 4-19)。

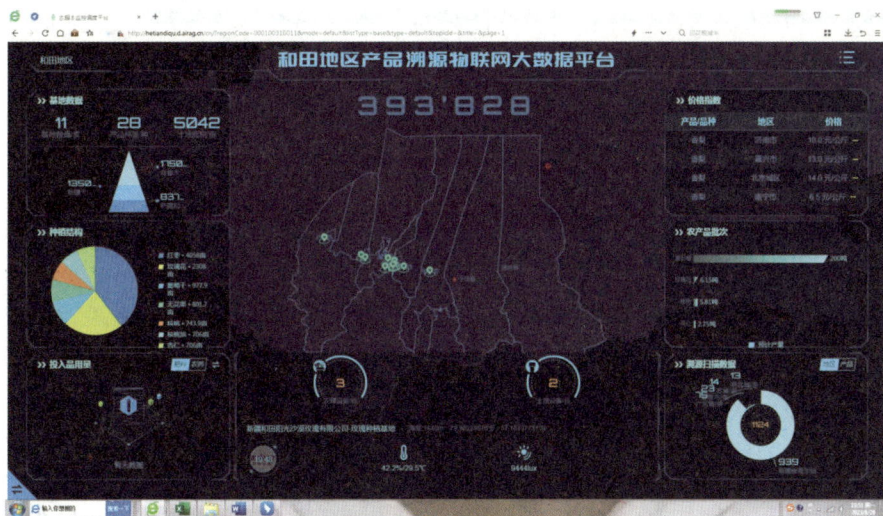

图 4-19　溯源管理平台首页

（三）精帮扶、促融合

一是制订电商帮扶计划。联合地区商务局制订全区电商帮扶方案，通过"电商+产业、产业+就业、就业+创业"三个结合，与全地区 36 家企业建立合作关系，制订"一对一"电商帮扶计划并常态化开展帮扶工作，引导 22 家传统企业转型从事电商工作。

二是推动电商产业发展升级。联合地区商务局、地区文旅局、融媒体中心、各县域工商局开展《和田地区电商直播短视频大赛》《和田地区 2021 新疆特种旅游节》《2022 年和田地区网上年货节》系列电商活动 5800 余场，带动全地区农产品网络零售额超 11.6 亿元，持续推动了全地区电商产业高质量发展。

三是强化电商专业人才支撑。制订并实施了和田地区（市）电商人才培训方案。陆续开展"和田地区（市）网络人士走进·和田""和田地区（市）电子商务精英训练营"等人才培育活动，通过"理论+实战"的模式，培训人员达到 15385 人，带动 1952 人通过电商创业就业。

和田市下一步将继续围绕农村电商发展，不断完善电商园区功能，拓展服务范围，提供电商运营、技能培训、产品整合、政策解读、创业辅导、电商创业孵化咨询、电商知识普及应用推广、综合示范项目集成管理等服务，进一步提升全地区电子商务公共服务中心运营及综合服务水平。

第五节　克拉玛依区：乡村治理可视化、数字化、智能化实践

克拉玛依区，隶属于新疆维吾尔自治区克拉玛依市，位于新疆维吾尔自治区西北部，地势由西北部向准噶尔盆地中心倾斜，是典型的温带大陆性气候。全区面积3833.4平方千米，占全市面积的49.6%，其中城区面积25.5平方千米。辖6个街道、1个乡。2023年5月，成为第一批新疆数字乡村示范地区。

2022年3月，克拉玛依市确定克拉玛依区作为党建引领乡村治理试点区。2022年7月，克拉玛依区依托"克拉玛依智慧党建——源动力在线"平台结合小拐乡实际，聚焦"数字政府、数字社会、数字经济"三大领域，推行"网格化管理、数字化赋能、精细化服务"，以乡村治理数字化建设为目标，充分挖掘数字经济潜力，探索建立"183"乡村治理体系，即着力构建1个乡村治理数字化底座，搭建"线上+线下"积分管理、基层减负"一张表"、"互联网+医疗健康"、"互联网+教育"、"互联网+信用体系"、"互联网+旅游"、数字牧业、数字农业8个数字化应用场景，以实现乡村治理可视化、数字化、智能化3个目标，确定乡村治理试点区建设方向。

为实现乡村治理"三化"目标，克拉玛依区联合互联网企业搭建"云上小拐"、"红细胞"、"一扫一拍"、"信易玫瑰"、"一张表"、克拉玛依互联网医疗服务平台、畜牧兽医大数据平台、农经通等多个数字化场景应用平台，为小拐乡治理奠定了数字化基础。

一、搭建智慧乡村数字底座

小拐乡是克拉玛依区唯一一个农牧业乡，行政区域总面积 1264 平方千米，下辖小拐村、和谐村、团结新村 3 个行政村。2022 年，克拉玛依区依托智慧城市数字底座，以畜牧业信息化、农林业信息化平台为基础，构建数字乡村模块，充实共建、共享、共用的数据资源体系，搭建集党建教育、畜牧服务、农业指导、乡村治理为一体的"智慧克拉玛依—云上小拐"数字化平台，如图 4-20 所示。通过数字平台的建设实现小拐乡数字赋能，助力乡村振兴。

图 4-20　智慧平台"云上小拐"PC 端首页

克拉玛依区按照多网合一、一网统筹的工作思路，将辖区人、事、物信息上传至云空间，梳理辖区各类组织力量，将党小组、综治网格、村民小组等组织力量进行整合，通过村党支部书记担任网格长、民警担任副网格长，党小组组长、联户长和包片工作人员担任网格员的"1+1+3"网格模式，实现了多网合一、一网统筹。同时，通过开放乡村治理场景和畅通信息反馈渠道，鼓励引导村民、社会组织、市场主体广泛参与，依托党建教育"红细胞"、积分管理"一扫一拍"、信用治理"信易玫瑰"等数字化平台，如图 4-21 所示，实现多元协同共治。

图4-21 "红细胞""一扫一拍""信易玫瑰"平台页面

二、构建数字化应用场景

（一）完善"线上+线下"积分管理

克拉玛依区把村民积分制度作为小拐村治理体系的重要环节，通过深化"积分+乡村治理"模式，优化乡村治理"积分制"管理办法，研发出"一扫一拍"小程序，运用"线上+线下"的方式，将乡村治理的相关事项量化为积分指标（见图4-22）。

具体做法为把积分管理和村民个人信息捆绑在一起，建立居民信息电子档案，将各类活动、培训签到、居民福利领取等事项生成二维码，村民通过二维码进行签到、确认和领取福利。同时，将村民信息及时在小程序中公示，全面实现"积分上云"。村民在平台获得的积分可以用于本地128家商超、餐饮发布的优惠活动，享受相应VIP待遇。

通过不断引导小拐村居民参与乡规民约落实、人居环境整治、文明创建、社会综合治理等大小事务，让乡村治理工作可量化、有抓手，实现以小积分撬动大治理。

图 4-22　拍一拍、积分流转页面

(二)深化基层减负"一张表"

克拉玛依区为了从根本上解决报表总量多、频次高、填表占用精力多等问题,运用基层减负"一张表"综合信息管理系统,如图 4-23 所示,且不断优化系统模块,切实减轻数据重复采集、重复录入、多方上报数据的负担。全区有效提升基层服务水平和能力,更好地服务人民群众。

(三)推进"互联网+医疗健康"

克拉玛依区充分发挥互联网技术优势,利用克拉玛依互联网医疗服务平台开展智慧健康医疗便民、惠民服务,采取线上线下相结合的方式,为居民提供健康服务(见图 4-24)。

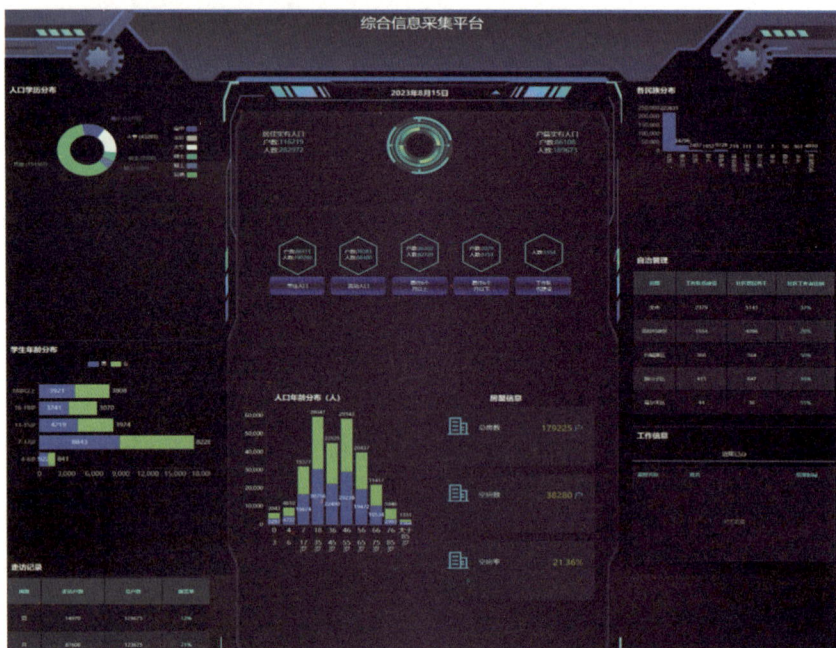

图 4-23 基层减负"一张表"页面

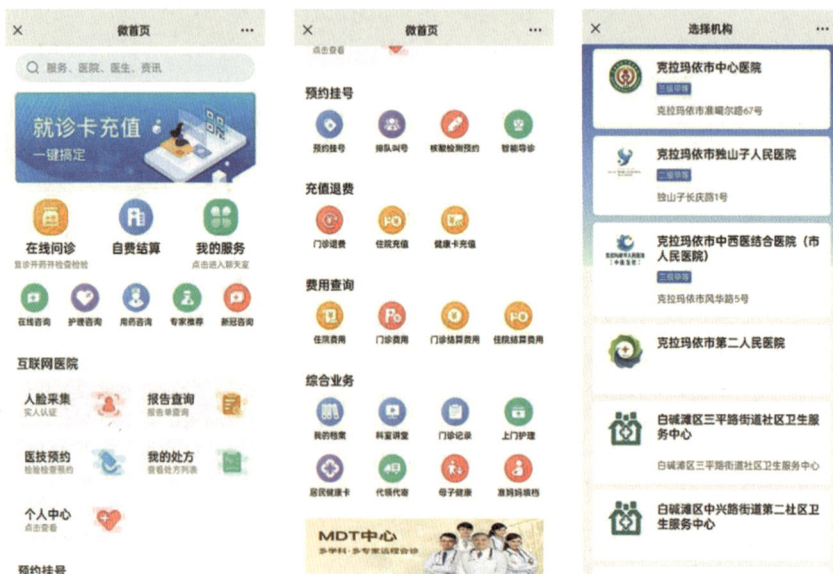

图 4-24 克拉玛依互联网医疗服务平台页面

（四）优化"互联网+教育"

克拉玛依区充分发挥党建引领乡村治理的作用，建立健全群众教育工作体系，深入开展"听党话、感党恩、跟党走"群众教育工作，连接数字化教学资源，开展各类涉农信息技术、农村电商、信息产品使用等专题培训，助力党员群众创业的内生动力（见图4-25）。

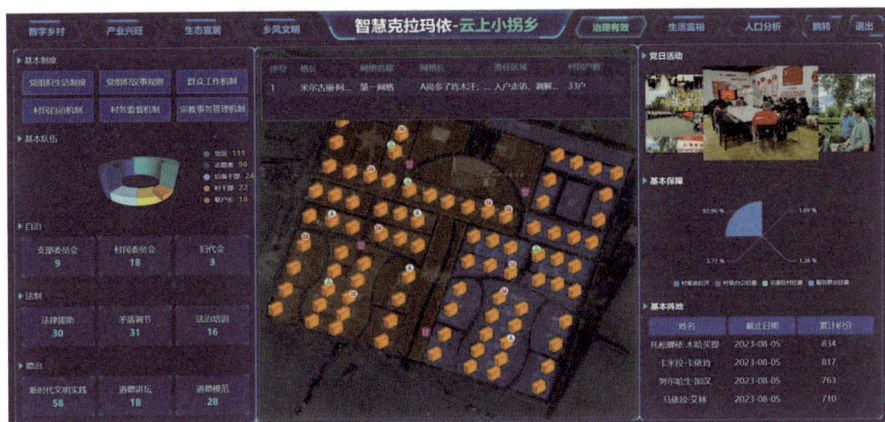

图 4-25 "云上小拐"教育引领页面

（五）完善"互联网+信用体系"

克拉玛依区深入开展农村诚信体系建设工作，推广使用"信易玫瑰"公众号，面向所有村民提供信用查询、信用动态、信用应用等服务。从《村民公约》签订到失信行为的集中治理，从联合惩戒到对荣誉居民的表彰与奖励，让更多的居民享受信用红利（见图4-26）。

（六）做强数字文旅业

克拉玛依区全面推进"互联网+文化""互联网+旅游"，依托文化馆、图书馆、文博院（展览馆）等场馆，推动文化资源数字化发展。通过应用数字技术，推动全区乡村A级旅游景区接入自治区智慧旅游管理平台，实现线上浏览、预约等服务。目前，小拐乡可以通过GIS、720°全景VR及实景监控技术，直接将小拐乡的乡土文化、品牌产业、旅游特色展现在大众面前（见图 4-27）。

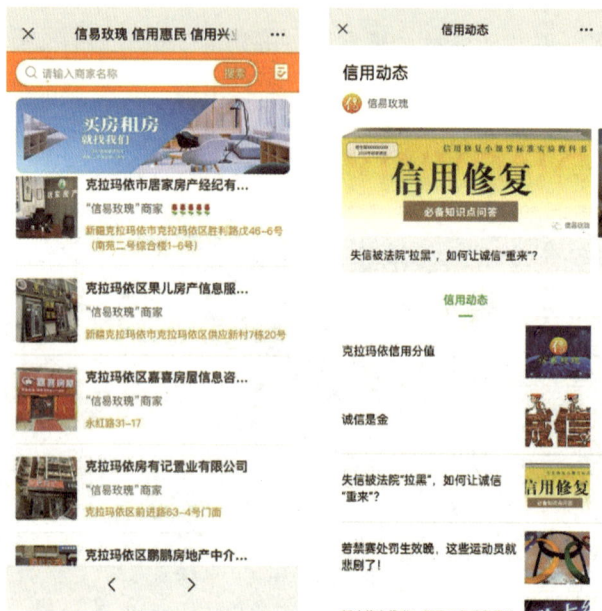

图 4-26 "信易玫瑰"公众号页面

图 4-27 小拐乡芳香植物园全景 VR 画面

（七）发展数字牧业

克拉玛依区围绕畜牧业进行数字赋能，充分发挥畜牧兽医大数据平台和无纸化防疫、动物检疫电子出票系统的优势，依托规模化养殖场集成应用电子识别、精准上料、精准繁殖、畜禽粪污处理等数字化设备，精准监测畜禽养殖投入品和产出品数量，实现畜禽养殖环境智能监控和精准饲喂（见图4-28）。

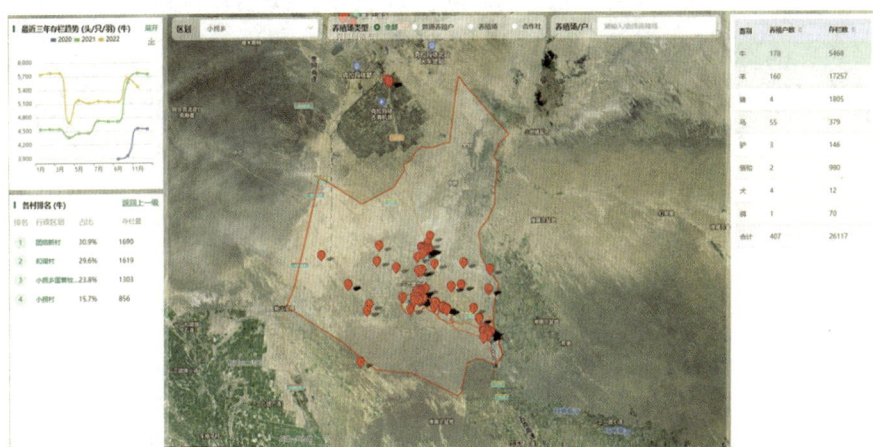

图4-28　畜牧兽医数据平台牲畜存栏信息 PC 端页面

（八）健全数字农业

克拉玛依区持续深化电子地图档案，充分利用数字农保、农经通、农业气象等业务系统的功能优势，实现以耕地为抓手，让数据信息进村入户，摸清资源底数（一地一码，一合同一码）、承包关系、种植情况等。立争让"数据多跑路、群众少跑腿"，实现耕地资源一张图、种植一张图、数据管理一张表、产业分析一屏观全局的目标，从而不断优化数字乡村产业结构（见图4-29）。

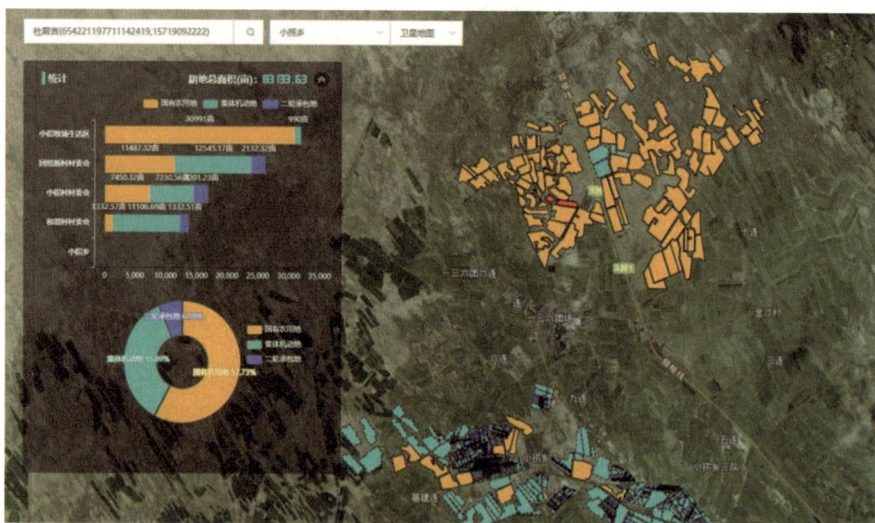

图 4-29 "耕地资源一张图"页面

三、实现乡村治理"三化"建设

针对乡村治理中的难点、盲点、堵点，克拉玛依区有序推进乡村治理"可视化、数字化、智能化"建设。

一是实现乡村治理一屏观全局。通过乡村治理数字化系统整合与土地电子地图档案、畜牧溯源系统、服务群众等相关的管理资源，形成乡村综合治理全行业、全区域、全时段、全流程的"数据一屏展示、指标一屏分析、指挥一屏联动、治理一屏闭环、场景一屏透视"。

二是优化政务服务一网通办。依托数字政府建设，深化证照分离改革，力争乡村高频政务服务事项全部实现"就近办""全市办""跨省办"。推动数据驱动流程再造，以乡村数据为基础精准施策、科学治理，变"人找政策"为"政策找人"，变被动响应为主动服务。

三是推进乡村治理一网统管。以"城市大脑"建设为突破口，推动乡村治理从人力密集型向人机交互型转变，从经验判断型向数据分析型转变。以网格化综合管理平台为支撑，接入农业农村、自然资源、林草、畜牧等部门业务数据，通过智能预警手段，结合无人机、高清摄像头等先进设备，实现从预警到处置的闭环管理。

下一步，克拉玛依区将继续加大信息技术与农业发展、农村治理和农民生活的深度融合，激发数字乡村发展的内生动力，丰富与拓展乡村治理内涵。

（一）实施乡村网络设施全面覆盖建设

提升农村电信普遍服务能力，促进城乡基本网络服务均等化，不断拓展乡村地区基础网络的覆盖范围，提高服务质量；同时制定详细的支持政策与推进数字乡村建设的实施意见，针对数字产业运营商、云计算和大数据企业、现代物流企业、金融科技企业等立体面向乡村场景的相关研发和项目进行重点支持和奖励。

（二）落实人才吸引政策、加大数字培训力度

落实人才吸引政策，吸引本地大学生、外地务工人员返乡创业、就业，加大对新型农业经营主体、返乡创业人员、农村青年、返乡大学生等"新农人"的数字培训力度。

（三）利用互联网平台与新兴数字技术

结合新时代美丽乡村，大力发展旅游观光、农耕体验、创意农业等新兴产业，实现乡村一二三产业的深度融合发展。加大数字化乡村公共服务普及力度，加快推进教育、医疗、社会保障、文化等公共服务延伸到乡村，开启城乡融合发展和现代化建设新局面。

第六节　乌鲁木齐县："数字化+场景"提升乡村治理水平

乌鲁木齐县地处天山北麓、准噶尔盆地南缘，是首府乌鲁木齐市唯一的市辖县，行政区域面积 4211 平方千米，辖 3 个镇、3 个乡以及 2 个片区街道，常住人口 5.14 万人，主要种植农作物包括棉花、小麦、玉米和水稻等。

2021 年，乌鲁木齐县联合新疆电信积极推进数字基础设施共建共享，着重解决数字乡村相关数据的汇聚问题，打造数字化应用场景，提升乡村治理效率。

为助推乡村治理现代化，乌鲁木齐县与新疆电信合作，共同打造"智慧大屏、新翼数乡、天翼云眼、乡村电视台、积分管理"等多个数字化平台，以数字化赋能、场景引领的模式，搭建多个数字化应用场景，实现以数字赋能提升乡村治理水平的目标。主要有以下几个数字化平台：

一是智慧党建。乌鲁木齐县搭建智慧党建管理平台，平台面向基层党组织、党员提供党务管理、宣传、教育、活动、考核监督、互动交流等多方位功能，对基层"三会一课""主题党日""组织生活会"等会议活动实现全流程管控，以党建引领基层治理（见图 4-30）。

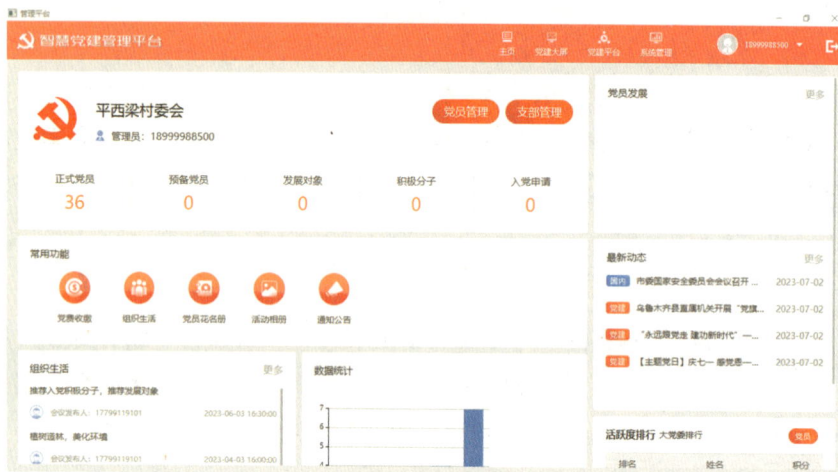

图 4-30　智慧党建管理平台页面

二是在线办事。在线办事服务借助新疆电信开发的"新翼数乡"小程序实现，如图 4-31 所示。目前小程序建设有办事指南、办事申请、证明申请、证明记录四大功能。村民通过小程序即可快速了解办事流程、所需材料、咨询电话等信息，实现"数据多跑路、群众少跑腿"。

三是"三务公开"。"三务公开"（党务、村务、财务）由上级部门下发信息内容，平台对公开时间、内容类型及发布审核状态进行展示，村民可随时在"新翼数乡"小程序查看"三务公开"信息（见图 4-32）。

图 4-31 "新翼数乡"小程序页面

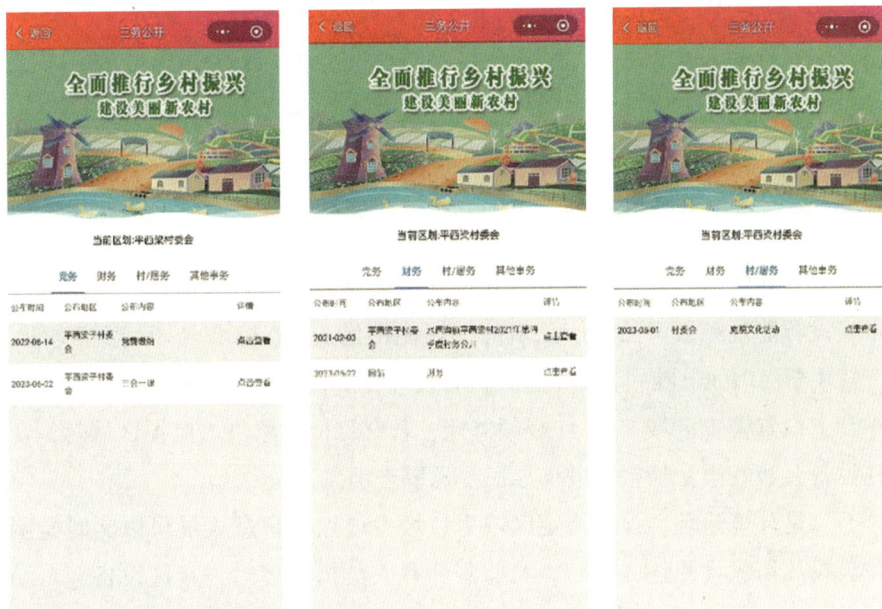

图 4-32 "三务公开"板块页面

四是在线解决困难。乌鲁木齐县为村民提供了日常生产生活中遇到的乡村管理、困难诉求、矛盾纠纷等问题的上报渠道。村干部通过入户走访等途径对村民诉求进行收集，村民也可以通过"新翼数乡"小程序自主上报诉求。如图4-33所示，问题支持以文字、录音等形式上报，平台进行全流程记录。村民可以在手机上随时查看受理、处置、反馈进度，在事件办结后还可以进行满意度评价。

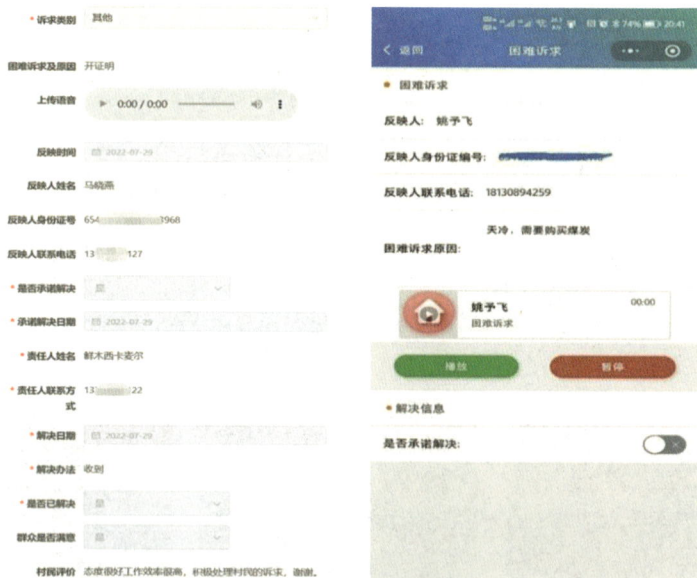

图4-33 村民诉求上报板块页面

五是非法侵入报警。乌鲁木齐县利用天翼云眼、大数据、物联网等技术建设智能视频云产品，产品由前端智能摄像头+监控平台+云存储构成，支持手机APP+电脑+监控屏多屏查看视频，如图4-34所示。居民可以在平台上设置警告区域，由AI视频监控，若有目标对象进入监控区域时，音柱设备会触发语音播报，并向居民推送警告消息。

六是环境治理。设置指定区域为垃圾投放点，智慧大屏可以实时监测垃圾投放情况（见图4-35）。当监测到有人员扔垃圾时，音柱设备会自动提示："请村民规范倾倒垃圾"。同时，AI摄像头会全程记录、抓拍，对未遵守投放要求的村民实现"可追溯"。

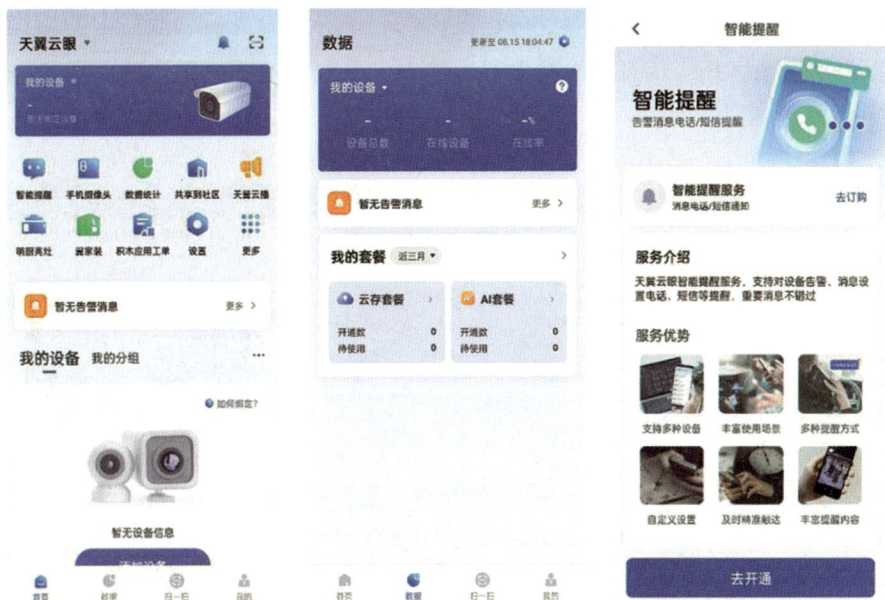

图 4-34　天翼云眼 APP 页面

图 4-35　智慧大屏实时监测页面

　　七是便民服务。"新翼数乡"小程序设有便民服务模块，包含村规民约、就业推荐、农技学习等服务（见图 4-36）。村规民约规范农村居民言行，引导村民积极参与美丽乡村建设；就业推荐为有灵活就业需求的居民提供周边地区招工信息；农技学习为涉农人员提供高效、准确的农业科技知识等。

图 4-36 便民服务板块页面

八是乡村电视台。乌鲁木齐县利用乡村电视台实现远程问诊、便民缴费、通知公告等服务（见图 4-37）。家庭用户可以通过"ITV+摄像头"远程问诊，接入乡村卫生室或县卫生服务中心、本地医院全科医生、互联网线上优质医疗资源等；通过 ITV 缴费盒子进行燃气、电力等各类生活费用缴纳；通过 ITV 同步收取政府及乡村发布的相关公告及信息通知等。

九是大屏决策管理。智慧大屏涵盖智慧党建、美丽乡村、生态乡村、特色介绍、产业发展、乡村治理等多方面信息（见图 4-38），运用数据可视化、数字化、智能化，实现智能管理无死角，提高决策和管理效能。

图 4-37　乡村电视台页面

图 4-38　数字乡村智慧大屏页面

　　为了深入推进数字乡村治理，激励村民参与共建、共治乡村，乌鲁木齐县引入积分管理制度，搭建数字乡村积分管理系统（见图 4-39），把村规民约作为评判标准，建立多维度积分体制，用积分制带动好人好事和乡风文明建设，激励村民积极参与乡村基层治理工作。

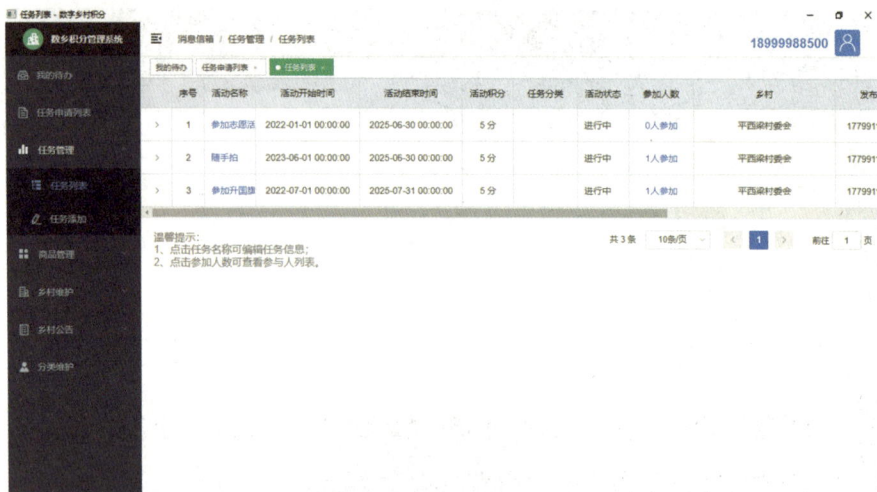

图 4-39　数字乡村积分管理系统页面

乌鲁木齐县以乡村治理数字化、农民生活智慧化为工作目标做好包联支撑工作。

截至 2023 年底，乌鲁木齐县已搭建"智慧乡村"大数据平台 1 个，智慧大屏 48 个，开通村干部账号 306 个。累计为村民安装摄像头 8111 部，乡村电视台 18764 部，帮助村民解决家庭用户对看家护院、看老护幼、看牛羊等实际安全防护需求，解决乡村政务公开、政务服务、思想宣传等工作需求，有效提升乡村治理水平。

依托先进的"互联网+"、物联网、5G 通信及视频 AI 技术，乌鲁木齐县下一步将通过数字技术推动当地产业发展，为产业数字化转型奠定基础。

首先，以智能技术赋能智慧农业。乌鲁木齐县的果园及蔬菜大棚以智能化应用降低成本，增产增收。结合大棚内温度及天气情况，智能控制系统根据日出日落、天气情况合理安排大棚棉帘的卷起和铺开时间，配合风帘通风控制，将大棚温度调整在农作物有效生长的适宜温度范围内，从而达到增产增收、提升管理效率的目的。

其次，打造智慧文旅乡村。乌鲁木齐县通过智能大屏全方位展示本地旅游特色、住宿美食、自驾攻略、交通路线以及人文历史，让游客在出行前就能在平台上获悉旅游点相关资讯，提前规划旅游行程、安排住宿、了解美食特色，提升游客旅游满意度与认同感，提高旅游知名度，带动当地经济发展。

第七节　霍尔果斯市：积分赋能社区，构建基层治理新模式

新疆伊犁霍尔果斯市，西接中亚，东接内陆，同时面向国内国外两个大市场，建有首个跨境经济贸易合作区——中哈霍尔果斯国际边境合作中心，是集边境区、口岸城、商贸型、国际化特点为一体的综合性城市。霍尔果斯市卡拉苏社区位于市中心商贸区，成立于 2016 年 2 月，辖区面积为 1.5 平方千米，居民群众总户数 2018 户，总人口 6224 人，流动人口占总人口的 85%，具有流动人口多、出租房屋多、企业商户多的"三多"特点。

2018 年 5 月，霍尔果斯市为有效解决基层治理工作面临的资源配置不足、事权能力不符、多元主体参与基层治理积极性低等问题，以卡拉苏社区为试点，依托微信公众号，搭建了智慧社区平台——卡拉苏在线，引入积分制管理方法，用积分形式对治理主体中的个人、家庭与组织的行为表现进行全方位量化考核，将积分与其所能享受的政策和福利挂钩，以激发组织与个人活力，提升各主体参与社会治理的积极性。卡拉苏在线平台集"组织、宣传、服务、电商、社会治理、大数据、在线办公"七大功能为一体，截至 2023 年底，平台已有 6162 人注册，本辖区居民覆盖率达 99%，日活跃人数 5546 人，活跃"粉丝"达 90%（见图 4-40）。

卡拉苏在线平台通过积分制管理和完善积分体系，实现线上积分自动生成、自动累计、自动排序，搭建居民"行为银行"，制定《卡拉苏智慧社区行为积分管理标准》，量化 14 类 210 项居民行为积分，将基层治理的大小事务全部编入"任务库"，引导居民在社会稳定、邻里守望、传统美德和建言献策等方面积极发挥主人翁作用，在基层治理中占 C 位。针对无法使用智能手机的用户，推出反扫码功能（见图 4-41）。

图 4-40　卡拉苏在线平台首页

图 4-41　积分申请页面

相继开发社工在线、红色代办、法律援助、创业服务、便民服务、电商服务等 30 个模块 120 项内容，为居民提供政务、便民、法律、创业、电商等全方位服务，让"数据多跑路、群众少跑腿"，实现服务群众"零距离"政务服务。

红色代办模块整合党群、法援、社保、贷款、创业等五大类红色服务事项，形成 36 项红色代办清单，开通"一键点办、一键预约"功能。线下党员干部当起"红小二"，通过代收、代办、代送等服务举措，帮助群众办理实事好事 5000 余件，惠及 8000 多人次（见图 4-42）。

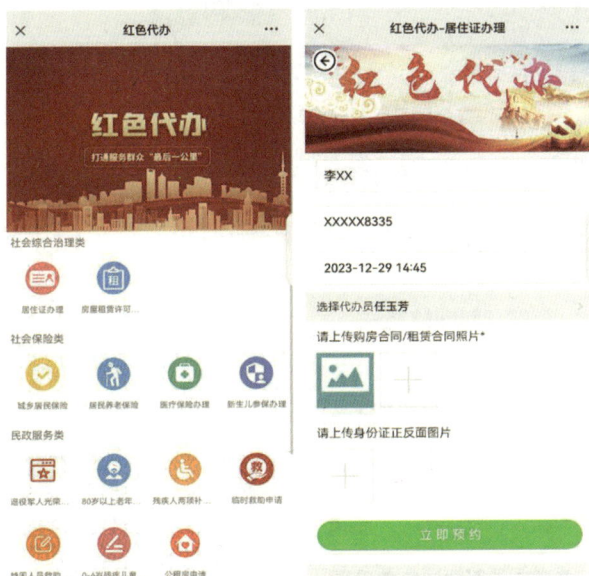

图 4-42 红色代办模块页面

法律援助模块线上引进了"四个一"法律服务，即一名律师、一名心理咨询师、一名司法助理和一名人民调解员，为居民提供"点单式、个性化、精准化"服务，将各类矛盾纠纷隐患化解在基层，为社区治理提供了强有力的法律保障（见图 4-43）。

市委高位推动与北京大学创业训练营签订创业培训计划，卡拉苏社区设置分课堂，创客学员个人可以通过平台报名，免费获得在线课程、合作对接、交流咨询等综合服务，在线预约课程，线下赋能充电（见图 4-44）。

图 4-43　法律援助模块页面

图 4-44　创业服务模块页面

便民服务模块开通生活缴费、生活查询、便民市场、交通出行四大功能，水、电、燃气、宽带等14项生活费用缴纳可线上完成，党政机关、周边商户、医疗卫生等1100个电话可在线查询，打造居民线上便民服务圈（见图4-45）。

图4-45　便民服务模块页面

电商服务模块搭建惠民商城平台，将"一村一品"农产品搬至线上，全市城乡联动，打造柳树渠村土鸡、开干社区葵花籽油等50余个"一村一品"品牌，24小时在线365天不打烊助销，在丰富城市居民"菜篮子、果盘子"的同时助力乡村振兴。"居民合伙人"项目吸引辖区内餐饮、商超、干洗等456家商铺入驻惠民商城平台，定期开展积分秒杀、限时团购、幸运大转盘等线上推广活动，通过线上流量实现线下引流，助力零售业发展。截至2023年底，已累计开展秒杀抢购243期、积分秒杀60期，销售额突破510万元（见图4-46）。

图 4-46　电商服务模块页面

同时持续拓宽平台积分兑换渠道，丰富线上砸金蛋、大转盘等各类积分活动，增加积分兑换商品、服务、优惠券等内容。积分不仅能在平台"惠民商城"兑换果、蔬、肉、奶等 200 余种商品，也可以兑换辖区机关、学校、医院、企业、社会组织、商铺提供的近百种服务和权益，还可以兑换家电维修、汽车保养、场地使用等多种优惠，进一步增强积分购买力。截至 2023 年底，"积分巴扎"中已兑换服务 6000 余次、优惠券 7000 余张、商品 8000 余件、课程 500 余人，居民消耗积分近 2265 万分，积分兑换率达到 62.07%（见图 4-47）。

辖区内 432 名党员、团员、教师、医生在卡拉苏智慧社区平台组建 14 支特色志愿者服务队，打造"满天星"志愿服务品牌，帮助居民兑换家政、教育、医疗等服务需求。志愿者自身线下服务，线上也可以申领到相应积分，形成了可持续的循环链条，实现积分有序循环（见图 4-48）。

图 4-47　积分消费页面

图 4-48　志愿服务页面

为推进城市区域化党建，霍尔果斯市搭建"国门党旗红"线上党建"指挥部"，结合积分制，形成"数字积分+政治引领"模式，推动党建工作从人工化向数字化转变，实现线上线下"双阵地"互补、互动和互融（见图4-49）。

图4-49 "国门党旗红"页面

社区党委线上发布工作任务，成员单位、党员干部线上接收、线下完成，认领解决群众困难诉求200余件。辖区团26家成员单位"抱团"发力，对党员、在职干部到社区报到率、项目完成率、活动参与率进行积分管理（见图4-50）。

除此之外，为更好地推动基层治理，让数据赋能社区工作、群众工作，霍尔果斯市委牵头开发大数据分析系统，使基层工作更加便利化、智能化、数据化。"民情日历"改变传统入户先登记后统计工作模式，实现居民信息动态化管理。数据库有效整合民政、医疗、社保等各类信息62项，打破了现状下各部门信息孤岛。事项提醒功能聚焦老弱病残孕等各类群体，围绕孕产检、补贴津贴、患者购药等事项进行系统自动提醒，工作人员收到提醒事项可提前预判居民需求，实现超前服务有温度（见图4-51）。

图 4-50　线上支部、党员学园页面

图 4-51　大数据分析系统页面

卡拉苏社区群众积分制度在基层社会治理中有着良好应用成效和前景。

一是使公共服务资源得到优化配置。通过积分制管理对社区党委成员单位进行量化考核，有效调动了辖区单位整合优势资源服务基层群众，完善服务体系；通过对基层社会治理中的短板弱项进行赋分调整，有效引导了人力、教育、培训、宣传、公共服务等各种资源集聚，起到补齐短板、优化资源配置的效果。

二是使基层治理能力水平显著提升。将基层社会治理中的诸多繁杂事务通过积分量化的引导，提高服务效率，降低行政成本。通过对人居环境建设、物业管理、公益服务等领域加减分的合理设置，促进服务格局优化；通过积分制引导，加强了流动人口的服务管理，让居民有归属感、获得感、幸福感，促进了网格化管理、精细化服务、信息化支撑、开放共享的基层管理服务平台建设。

三是使社会治理参与活力明显增强。通过设立的积分银行、积分存折、文明行为积分卡、服务积分互换制度、积分兑换巴扎等措施，大大激发基层群众参与社会治理的热情；通过设立党员积分、联户长积分等，有效发挥基层治理主体的重要作用，激发基层治理活力。

四是使社会文明风尚得以有效弘扬。通过积分制的加分减分，对居（村）民遵守法律法规、村规民约、公序良俗等行为进行奖励或处罚，引导居（村）民行为；发挥积分制在各类评先选优、民族团结、邻里互助、公益服务、矛盾纠纷排查化解中的作用，提高群众文明素养。

五是使基层工作减负松绑落实见效。建立便捷高效的智慧党建平台，让原本需要人工处理的事务，通过智慧党建精准化、便捷化开展，实现党建工作智慧化应用、智能化服务和智变化管理，真正为基层减负，助力基层治理效能不断提升。

卡拉苏社区依靠"数字积分"已实现"社区管理"向"社区治理"、"单向治理"向"双向互动"、"一元独治"向"多元共治"的巨大转变。下一步，将结合工作实践和居民需求，进行换位思考，多方征求居民意见和建议，不断优化平台界面，开发更多的便民、利民、惠民线上功能。目前，霍尔果斯市卡拉苏社区的智慧治理经验已推广到伊犁哈萨克自治州的266个社区。

第八节	温宿县："数字化+一村一主题"深化数字乡村建设①

　　温宿县位于新疆西部天山中段托木尔峰南麓、塔里木盆地北缘，北与吉尔吉斯斯坦共和国、哈萨克斯坦共和国和新疆伊犁哈萨克自治州接壤，行政区划总面积1.46万平方千米，辖13个乡（镇），常住人口26.6万人，主要有维吾尔族、汉族、柯尔克孜族等26个民族，其中维吾尔族占71.2%，是一个以农业为主、农牧结合的半农半牧边境县。2023年5月，成为第一批新疆数字乡村试点地区。

　　自2021年12月以来，温宿县积极推进全县数字化改革，多次组织干部群众开展信息化、科技化、数字化学习培训，让全县干部群众充分认识到建设"数字温宿"的重要性。2022年2月，温宿县开启数字化转型之路，同年7月建成温宿乡村大数据中心底座。2023年，温宿县以托乎拉乡思源村、温宿镇金华新村、佳木镇托万克吐曼村、柯柯牙镇帕克勒克村和克孜勒镇乌克铁热克村为试点数字乡村，打造4个主题乡村和1个未来乡村"一村一主题特色"模式，并围绕博孜墩景区、帕克勒克草原等景区开展全域农文旅数字环线建设。

　　为提升数字化服务水平，实现乡村治理现代化，温宿县通过数字乡村大数据中心，建立主题数据库，搭建领导驾驶舱（1个县域数字乡村驾驶舱领导4个主题乡村驾驶舱和1个未来乡村驾驶舱），围绕温宿县乡村治理、便民服务、产业大脑、共富管理以及农文旅全域旅游示范区数字化环线五个方面重点，推进"一村一主题"的数字乡村建设。

　　数字乡村驾驶舱将温宿县乡村的基础数据、治理数据、便民服务数据、产业数据等进行汇总展示，通过数据智能分析，为乡村发展提供"一站式"数据服务（见图4-52）。

---

① 温宿县大数据中心徐圣富为本案例提供了大量素材并参与了撰写。

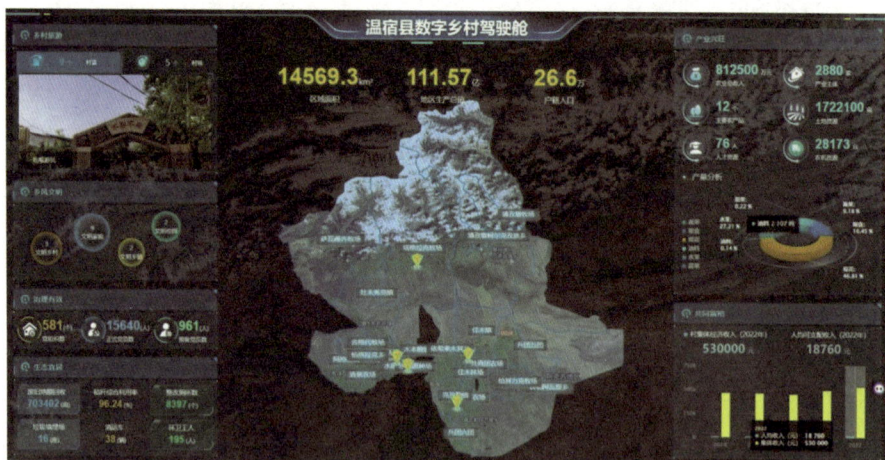

图 4-52　数字乡村驾驶舱首页

　　思源村以党建引领数字治理，打造基层智慧治理平台。思源村针对乡村治理体系采用数字化应用管理，重点推进积分系统的应用和普及，实现从纸质积分全面转变为线上平台积分兑换模式；结合乡村治理，推动思源村数字治理水平的逐步升级；同时设计收入监测系统，对村民收入进行线上统计和监测预警等，实现村干部和网格员的日常工作减负（见图 4-53）。

图 4-53　基层治理平台页面

金华新村以便民服务生活为目标，打造便民服务平台。充分利用金华市援助温宿县资源，打造援疆幸福乡村。将政务服务办理下沉到村级，实现"最多跑一次，跑也不出村，在线办事，指尖办事"的服务环境，同时打通在生活、生产、文化、娱乐等方面为民服务的"最后一公里"，提高乡村生活质量，破解基层治理一系列痛点、难点。便民服务平台特色板块为"临时务工"，通过对接务工资源信息和村民务工需求、援疆相关企业或项目招工信息等，帮助村民增加就业机会（见图4-54）。

图4-54　便民服务平台页面

托万克吐曼村为实现核桃产业数字化赋能，打造集采集、监测、共享、分析、决策为一体的"核桃产业大脑"。"核桃产业大脑"包括核桃产业标准数据目录、核桃产业数字驾驶舱和核桃产业管理模型产业大脑，利用"驾驶舱"和核桃产业管理模型，综合采用数据仓库、数据挖掘、元数据管理、决策分析模型等技术，实现各领域运行态势实时的直观呈现、量化分析、预判预警。通过资源盘点系统，对托万克吐曼村的核桃产业和农户资源进行盘点和分析，对优质资源进行资源包装，包括图片和视频拍摄、自媒体宣传和搭建农村电商平台，助力核桃产业的逐步转型升级（见图4-55）。

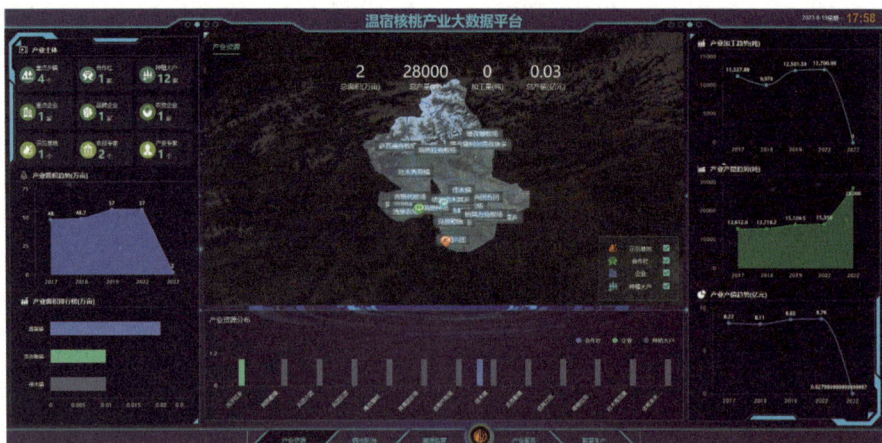

图 4-55 "特色产业大脑"数据平台首页

　　帕克勒克未来乡村以温宿县"林果产业"为基础，以"柯柯牙精神"为文化特色，通过共富管理平台盘活原有乡村农房、迷宫、幼儿园、体育馆等闲置资源，如图 4-56 所示采用"共建、共治、共享、共富"的建设运营模式，将乡村治理和乡村经营融为一体。平台包括农文旅共富资源盘点、共富资源管理、共富资源运营、共富资源监督四个系统，汇聚各乡村的土地、人力、产品等闲置资源信息。

图 4-56 共富管理平台页面

乌克铁热克村重点推进数字农文旅服务，将线下美食一条街、相关养殖、种植以及文旅资源通过农文旅游客服务平台线上化，并结合村里活动进行线上展示，对接电商平台实现预订流程等服务（见图4-57）。

图4-57　农文旅游客服务平台

温宿县为实现乡村全域农文旅数字化，通过数字文旅大数据中心，打造全域数字文旅平台，接入运营商数据、游客服务平台数据等，实现对温宿县重点景区的流量数据统计和分析（见图4-58），并对客流趋势、游客画像、停留时长、游客收入、游客来源地等数据进行分析展示。

除此之外，温宿县还打造了景区旅游管理平台、全域虚拟景区体验平台、农文旅营销管理平台。如图4-59所示，景区旅游管理平台主要提供舆情管理系统、信息发布系统、安全预警系统、智能广播系统等。通过一站式管理平台，实现一网统管、科学决策、智慧管理。

图 4-58　数字文旅大数据中心首页

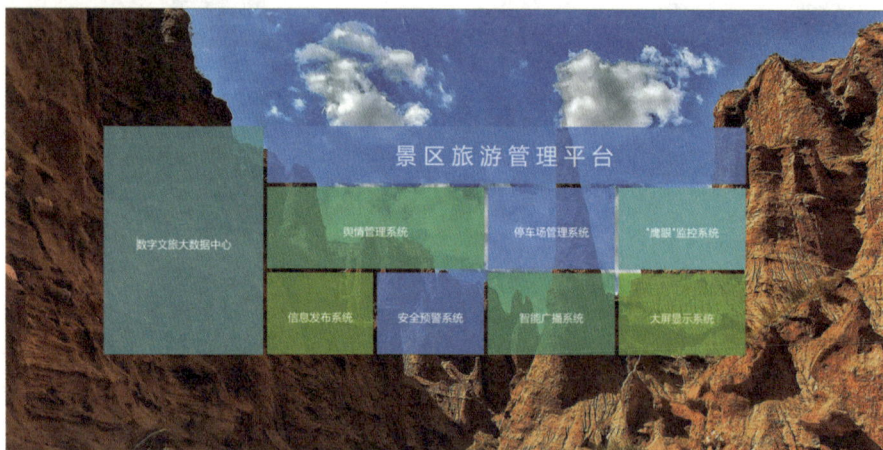

图 4-59　景区旅游管理平台首页

全域虚拟景区体验平台主要是通过 VR、AR 等技术，实现云上游温宿景区及乡村。对主题乡村和主要景区拍摄 VR，游客通过小程序即可查看乡村和景区主要景点的 VR 实景（见图 4-60）。

全域农文旅营销管理平台包括农文旅电商管理系统和数字农文旅内容系统。农文旅电商管理系统提供民宿、景区、文创、农产品等上架功能和营销管理功能（见图 4-61）。数字农文旅内容系统提供内容存储、内容共享等功能，方便各乡村、景区、文旅集团进行图片、视频素材的存储和共

图 4-60　全域虚拟景区体验平台页面

享，同时也方便网络达人下载优质内容，为宣传温宿、带货卖货提供便利。

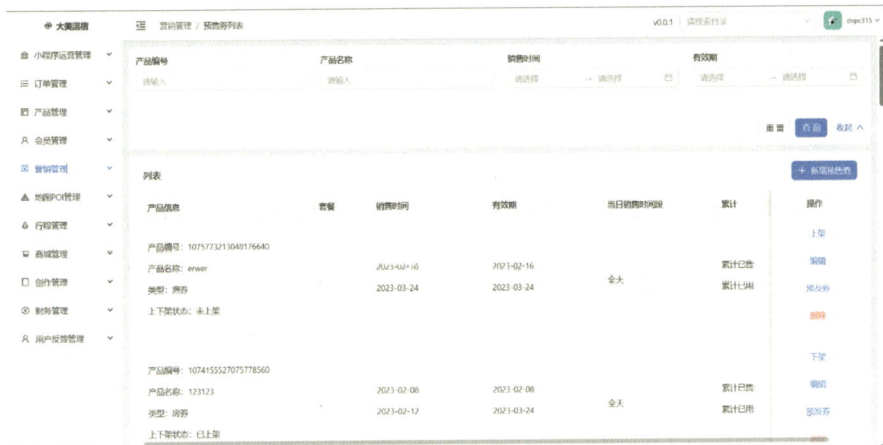

图 4-61　全域农文旅营销管理平台页面

温宿县数字乡村建设效果显著，数字化带来的创新应用在管理上、服务上以及乡村治理、乡村经营和农文旅运营的结合方面发挥着重要作用。

在管理上，盘点摸清温宿县乡村及文旅资源数据，并根据乡村数据资源，探索积分治理在乡村的实际落地，将原有的乡村积分治理线上化。同时，通过综合村务管理平台实现对村务的数字化管理，减轻基层工作，实现数据归集和统一。

在服务上，推动劳务用工系统、乡村服务通、大美温宿等平台的使用与落地，为村民提供一站式的综合服务，并提供劳务资源，帮助百姓务工和增收。针对游客，提供一站式农文旅服务平台，方便景区购票、民宿预定、农产品购买等服务，让游客更加便捷快速地享受温宿县全域农文旅服务。

在乡村治理、乡村经营和农文旅运营的结合方面，建设落地帕克勒克未来乡村，盘活当地闲置资源。和当地政府、文旅集团一起探索乡村共建、共享和共富，带动乡村集体和农民增收，并集合帕克勒克草原景区、博孜墩景区等旅游景点，探索全域旅游环线数字化服务，打响"大美温宿"品牌，推动"旅游兴疆"。

下一步，温宿县将从五个方面推进数字乡村建设，加快乡村数字化转型。

一是做大数字平台。完善现有数字乡村数据中心，贯通县、乡数据平台，搭建县域一体"智慧大脑"。统一数据标准和数据接口，通过应用场景、物联感知、协同共享等途径集成海量有效数据，构建适农算法模型，提高平台揭示规律、预测趋势、辅助决策、在线服务等功能。

二是做优数字治理。以党建数字化统领"四治融合"治理体系，提升乡村整体智治水平。依托"乡村数据中心"，提升基层治理体系和治理能力建设，开发适农乡村智慧应用场景，探索群众在线民主参与村级事务管理路径。

三是做深数字服务。继续推进政务服务向乡村延伸，对接医疗卫生、居家养老、社会救助、文化教育、普惠金融、法律援助、农民建房、涉农补贴、农技服务等应用场景，推动更多涉农事项"掌上办"。

四是做精数字生活。用数字化手段提高"吃在乡村、住在乡村、游在乡村、学在乡村、购在乡村、乐在乡村"体验感，打造更多身心融合、无感触达的生活场景。基于目前"帕克勒克未来乡村"建设成果，结合乡村闲置资源，打造春之花、夏之凉、秋之果、冬之泉等农文旅服务场景，全面激活乡村研学、旅游、团建等服务和流量，带动乡村共富。

五是做强数字产业。围绕稳产保供、提质增效、防灾减灾，推进现代信息技术融入乡村产业发展，推动农业生产智能化、经营网络化、管理智慧化，形成"林果产业大脑+智慧果园"、丰收指数、品质指数、价格指数、人气指数全链条管理。

第九节 哈巴河县："一网统管"突破数字乡村数据共享瓶颈

哈巴河县是新疆维吾尔自治区阿勒泰地区下辖县，位于阿尔泰山南麓，新疆最西北边缘，西、北分别与哈萨克斯坦、俄罗斯两国接壤，边境线长282.6公里，东、南与布尔津县、吉木乃县为邻，全县总面积8180平方千米，辖185个团，3个乡，4个镇，有汉族、哈萨克族、回族等23个民族。经济主要以农牧业为主，牲畜有羊、牛、马、猪等，主要农作物有小麦、油葵、芸豆、马铃薯等。

2022年，哈巴河县紧跟新疆维吾尔自治区及阿勒泰地区的步伐，组织构建全县纵横联动、三级协同的"一网统管"工作体系，采用技术先进、数据赋能、灵活开放、安全可靠的"1+3+N"一网统管架构。其中"1"表示一体化信息基础底座，"3"表示"一网统管"县、乡（镇）、村（社区）三级用户体系，"N"代表丰富的应用专题场景。目前哈巴河县"一网统管"平台已基本建设完成，并进入试运行阶段，实现了对县、乡（镇）、村（社区）三级用户的数据全面覆盖，同时在数据汇聚和专题建设方面取得了一定的成效。

哈巴河县"一网统管"平台共涉及23个系统平台，建立数据共享渠道27个。累计同步数据量超过680万条，单日数据同步量在1.5万条左右，涉及数据资源目录 48 项，涉及指标类型 578 项。

"一网统管"平台的主要数据来源可以分为以下三大渠道，数据信息从这些渠道实现汇集。

一是自治区政务数据平台。哈巴河县面向自治区政务数据平台累计申请数据资源 21 项，涉及发展改革委、公安厅、农业农村厅、人社厅、市场监督管理局、税务局、卫健委、药监局、医保局、残联等十余所单位。数据内容覆盖社保、医保、税务、居民收入、残疾人员、就业及失业人员、个体人员、医疗机构、药店、药品生产企业、农机、动物产品、能源消耗等十余种行业和领域。

二是阿勒泰地区时空大数据平台。哈巴河县面向阿勒泰地区时空大数据平台累计申请数据资源 47 项，其中自然人数据 1 项，法人数据 13 项，人社数据 1 项，电子地图数据 4 项，地理地貌数据 28 项。

三是各委办局业务系统。哈巴河县打通各委办局数据平台，主要包括物联网平台、监控视频汇聚平台、教育综合应用平台、城市运管服平台、灌区自动化平台、供热平台、桦城先锋平台、医共体平台、县医院平台等。接入的数据种类包含医疗、民生、教育、治安、水利、气象、工商、新闻等方面，覆盖哈巴河县各行各业。

除此之外，哈巴河县还建设了 11 项应用场景，通过"一网统管"平台保证数据及时共享、更新和汇聚，推动数字乡村数据共享可持续、深入化发展。

一是民生保障应用场景。民生专题整合了哈巴河县群众的生存和生活状态。统计了低保户、困难户、高龄、孤儿、残疾人等社会特殊群体的数量规模及区域分布，以及针对各类人群的各项救助投入比例及发放情况（见图 4-62）。

二是经济发展应用场景。经济专题以县统计局专业数据为主体，融合多部门经济数据，从产业、行业、区域、时间等多维度，对全县经济运行整体情况进行动态监测，准确把握全县经济运行态势、不同产业行业发展状况，为领导决策提供全面、准确、及时的数据和预警信息，为优化产业结构和产业政策提供量化依据（见图 4-63）。

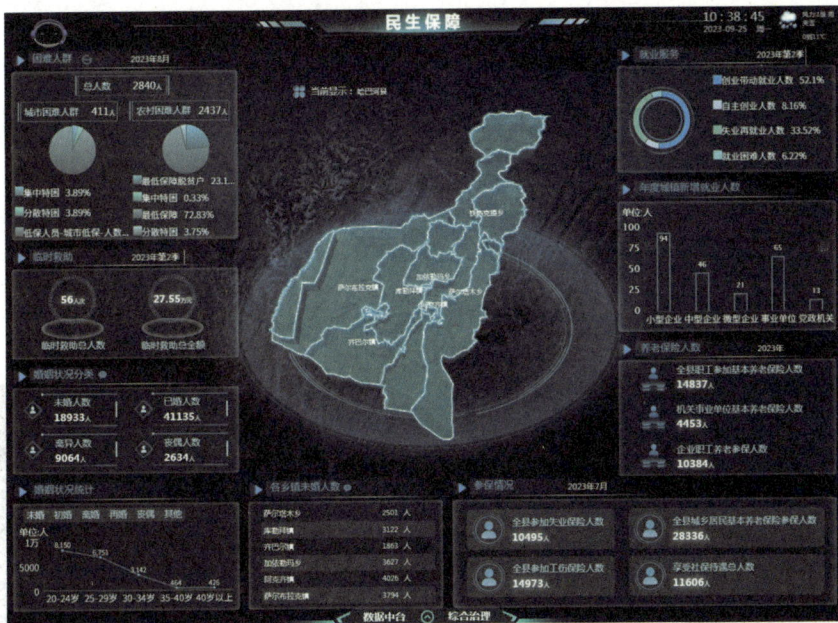

图 4-62　民生保障大屏页面

图 4-63　经济发展大屏页面

三是医疗卫生应用场景。哈巴河县规范医共体建设和管理，构建纵向上联阿勒泰地区医共体平台，延伸各级各类卫生健康单位的统一医共体体系。按照"一数一源、多元采集、共享校验、及时更新"的建设原则，构建全县统一的医疗基础资源数据库。以县城内医疗 HIS 系统数据、医共体数据、预测分析能力等为基础支撑，针对医疗服务能力、区域医疗能力、患者年龄分布、疾病排名、疾病构成、就诊量趋势等一系列指标进行分析，开展基于健康医疗大数据的医疗管理和决策支持等服务（见图 4-64）。

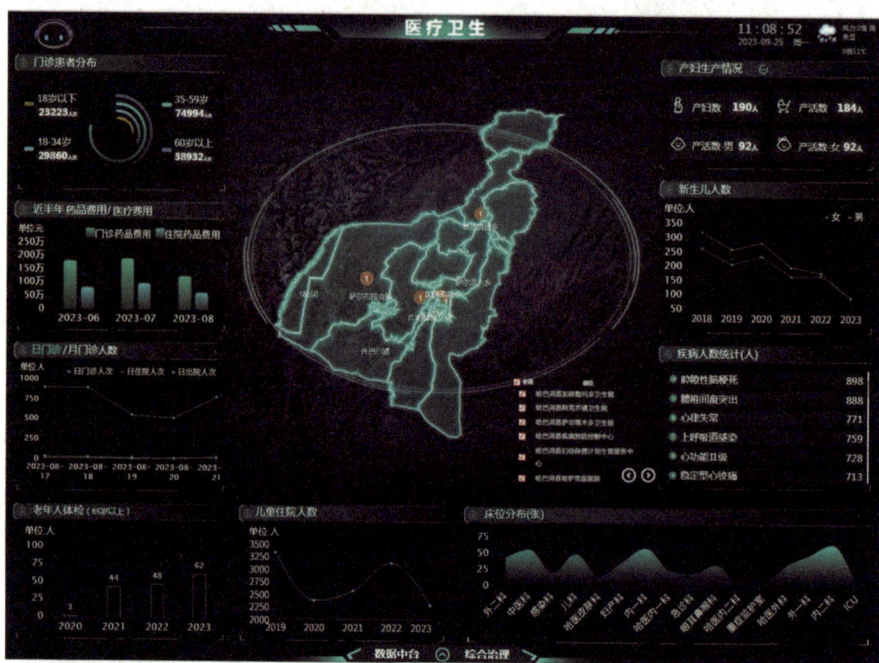

图 4-64　医疗卫生大屏页面

四是基础教育应用场景。教育专题对全县范围内各级学校的基础数据和关键信息进行汇总统计和融合展示，不同学校产生的数据，可以一起进行分析与展现（见图 4-65）。

五是城市建设应用场景。建设专题通过全局综合态势结合物联感知、视频感知、大数据分析、现有平台对接等方式，直观展示城市治理总体态势，实时查看城市运行数据，把握城市脉搏，提供决策支持（见图 4-66）。

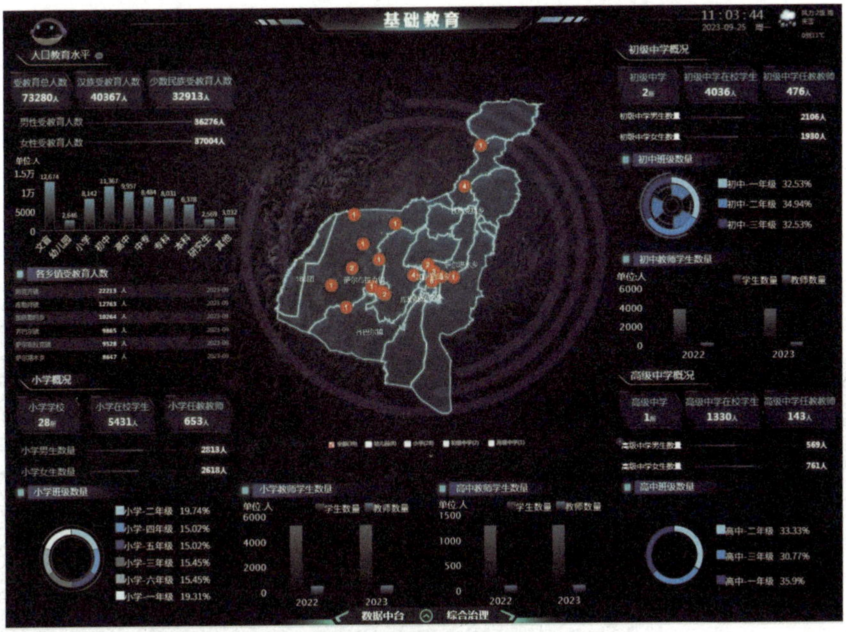

图 4-65　基础教育大屏页面

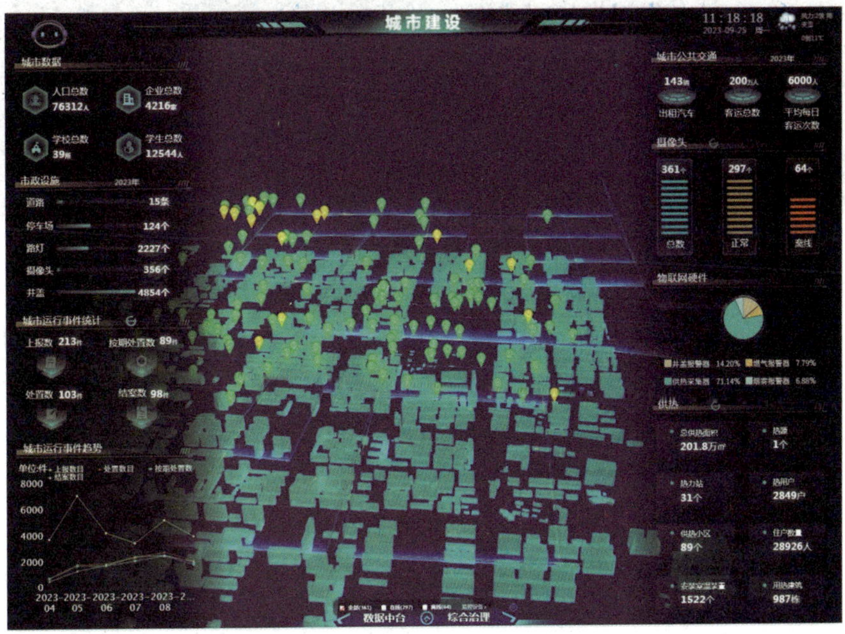

图 4-66　城市建设大屏页面

六是桦城旅游应用场景。旅游专题是以一体化的行业数字技术和信息管理为保障，针对游客来源地、旅游目的地、消费能力、消费方向、消费结构进行深入分析，完成游客精准画像和群体画像，实现以游客互动体验为中心，以服务全域旅游为牵引，构建旅游数据采集、存储、分析、展示和大数据应用基础（见图4-67）。

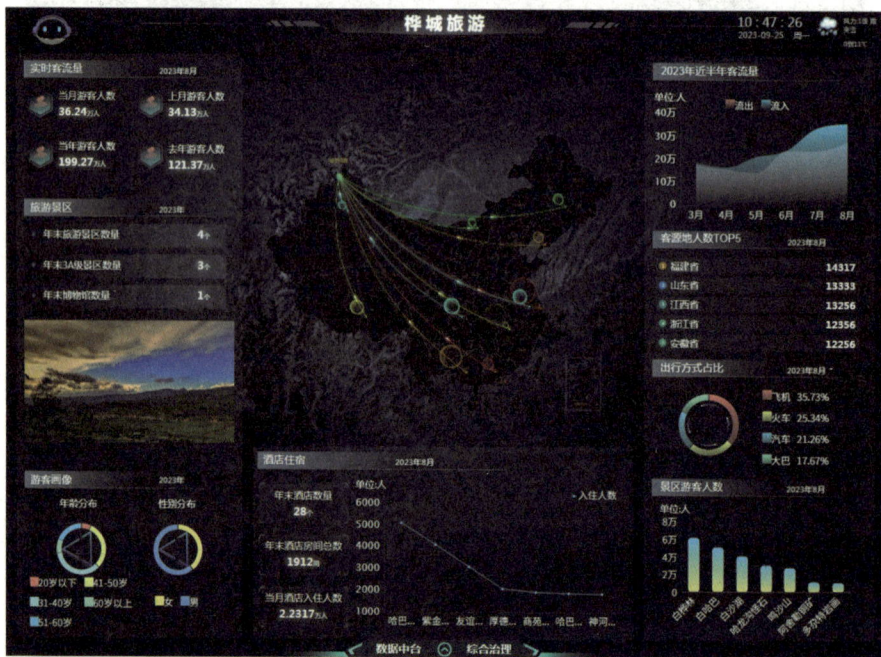

图 4-67 桦城旅游大屏页面

七是党建工作应用场景。党建专题应用于哈巴河县各级党组织基础信息收集、党员教育与监督管理等党务管理工作，使这项工作实现数字化、网络化。通过专题的接入，实现对党员的组织信息汇聚成库，同时也为各类党建学习、党务管理工作的成果提供了展示平台（见图4-68）。

八是乡村振兴应用场景。乡村专题包括基础设施、生活居住条件、文明建设、收入水平等板块。针对乡村各项基础设施如交通、水电、卫生等核心内容，进行数字化、指标化、目标化的融合展示。通过乡村各类产业的数据走势，结合哈巴河县当地特色产业规划，进行大数据的汇聚和分析，从中找到农、林、牧、渔、旅游服务等产业与农民收入的关系模型，为哈巴河县各乡镇发展提供个性化建议（见图4-69）。

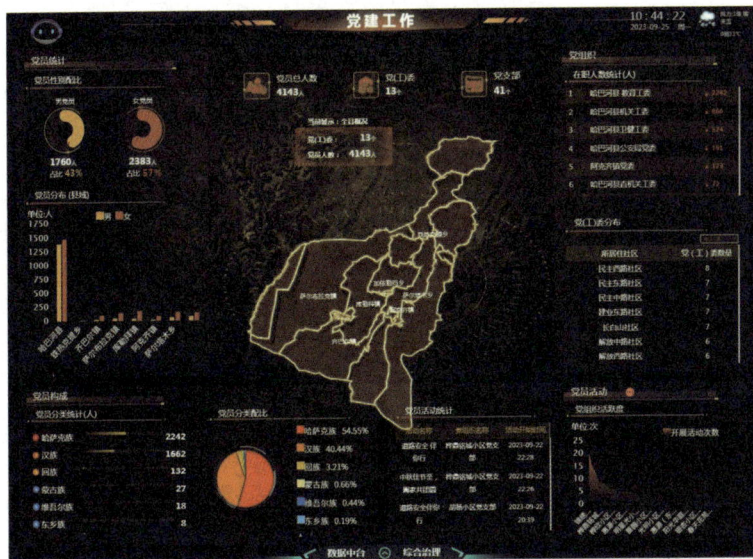

图4-68 党建工作大屏页面

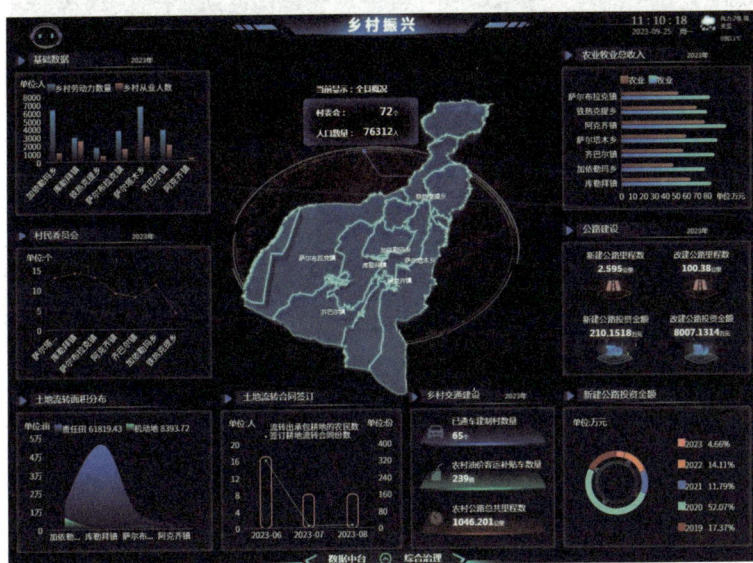

图4-69 乡村振兴大屏页面

九是畜牧产业应用场景。畜牧专题面向哈巴河县提供养殖、防疫、检疫、屠宰、流通、分销、畜产品安全、重大疫病预警等在线监管服务。通过畜牧数据建模分析，实现畜牧业的资源整合、数据共享和业务协同（见图4-70）。

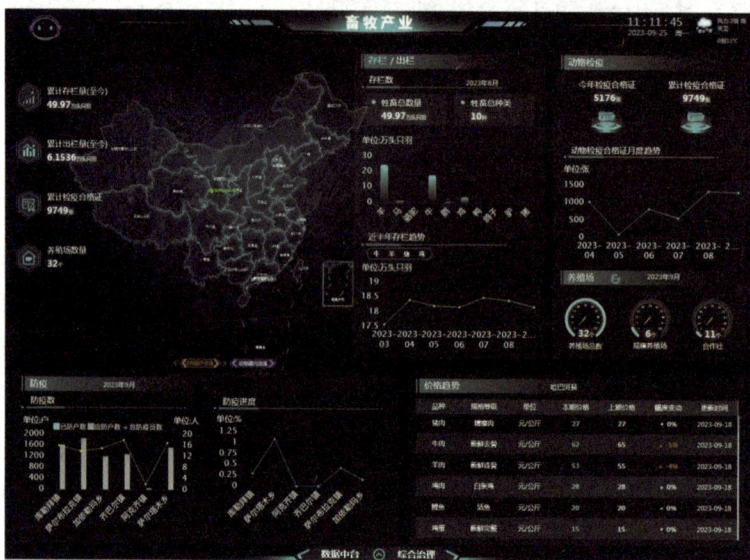

图 4-70　畜牧产业大屏页面

十是额河药谷应用场景。中草药专题汇聚展示了哈巴河县中草药行业基础信息、中草药种植生产规模计划、优良种子种苗繁育计划等核心关键指标。平台对中草药特色产业进行全方位、系统化、数字化的跟踪和监测，结合中草药行业发展规律进行大数据建模，以既往计划达成情况数据为学习样本，通过对影响因素进行分析，实现中草药产量规模预测分析以及区域价格对比和价格趋势分析（见图4-71）。

十一是绿色农业应用场景。农业专题通过汇聚基础地理、农业生产经营主体基础信息、农作物基础信息、农机基础信息、农产品市场交易基础信息等数据资源，对农业资源进行数据模型分析和系统性决策分析，面向农业监管部门提供农业关键指标的综合分析展示，为农业健康发展提供科学的数据支撑（见图4-72）。

图 4-71　额河药谷大屏页面

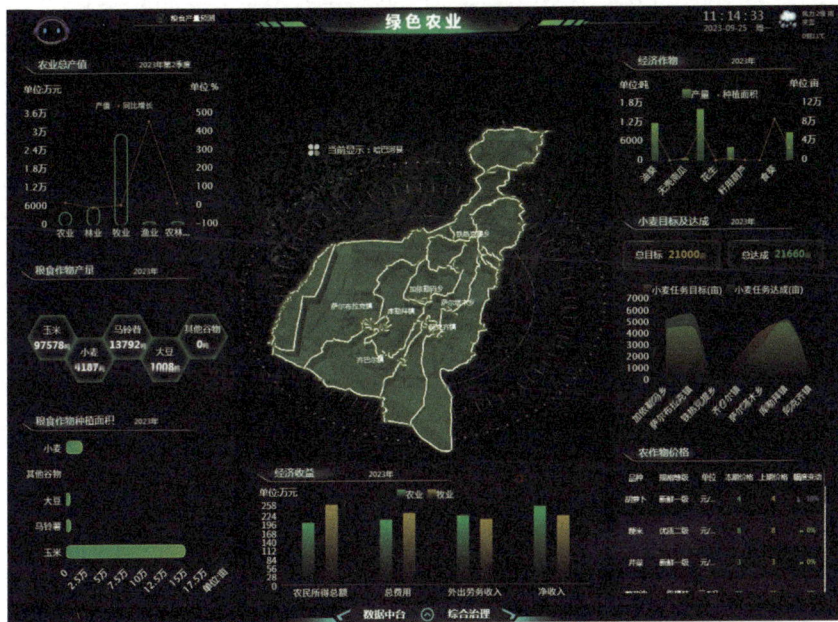

图 4-72　绿色农业大屏页面

哈巴河"一网统管"平台在提升城市治理能力、优化公共服务、增强应急响应等方面发挥着重要作用。以下是该平台目前在管理成效方面的具体表现：

一是资源调度更加精准。基于大数据和云计算技术，平台能够实时掌握城市资源分布和需求情况，实现资源的精准调度和优化配置，提高了资源利用效率。

二是公共服务水平提升。平台对政府服务资源进行整合，为用户提供更加便捷、高效的公共服务，提升了用户的办事效率。

三是经济状况有效管理。"一网统管"平台实现了企业查询，招商引资，对经济形式的发展有了更全面的了解。

四是监管能力进一步强化。通过实时监测和数据分析，平台能够及时发现和解决潜在问题，强化了对重点领域和行业的监管能力。

五是预测预警能力增强。通过对历史数据和实时数据的分析，平台能够预测未来发展趋势，及时发出预警信息，为应对风险做好准备。

六是数据分析支持决策。通过对海量数据的挖掘和分析，平台为管理者提供科学决策依据，帮助决策者更好地把握城市运行态势，提高决策的科学性和准确性。

目前"一网统管"平台面向受众是政府工作人员，平台涉及对现有工作流程的审视和改进，以提高效率并使工作便捷化。通过消除不必要的步骤、简化复杂流程、优化资源分配和加强协调，平台可以实现更高效的工作流程。

下一步哈巴河县将从以下几个方面建设一网统管平台：

一是数据深度利用。对于收集的数据进行深度清洗和处理，去除重复、错误或不完整的数据，确保数据的准确性和可靠性；利用数据分析技术，对数据进行深入的分析和挖掘。

二是大数据形式分析。通过数据采集、数据传输、数据存储等技术手段实现城市运行数据的全量汇聚；建立数据共享的标准和机制，实现跨部门、跨领域的数据共享，打破数据孤岛现象；通过图形、图像、图表等形式直观地展示数据，实现数据可视化；同时，提供交互功能，让用户更深入地理解、探索和分析数据。

三是未来数据应用的方向。"一网统管"平台将利用大数据技术，对城市运行数据进行实时监测和分析，为决策者提供更加智能化、科学化的决策支持。同时，坚持数据公开和共享，更好地促进社会各界对城市治理的参与和监督，提高城市治理的透明度和公信力。

四是海量数据的发展。哈巴河县将不断提升"一网统管"平台的技术水平，以应对更大的数据量和更复杂的数据类型。在数据量增加的同时，注重数据的安全性和隐私保护，采取更加严格的安全措施和技术手段，防止数据泄露和滥用。

第五章

数字乡村场景——平台篇

"疆天棉图"平台赋能棉花耕种管收数字化升级

新疆疆天航空科技有限公司（以下简称疆天科技）于 2016 年在石河子市注册成立，专注从事棉花耕种全程可追溯体系、农情大数据服务平台建设、数字农业技术研发与成果转化，新疆疆天科技官网首页如图 5-1 所示。

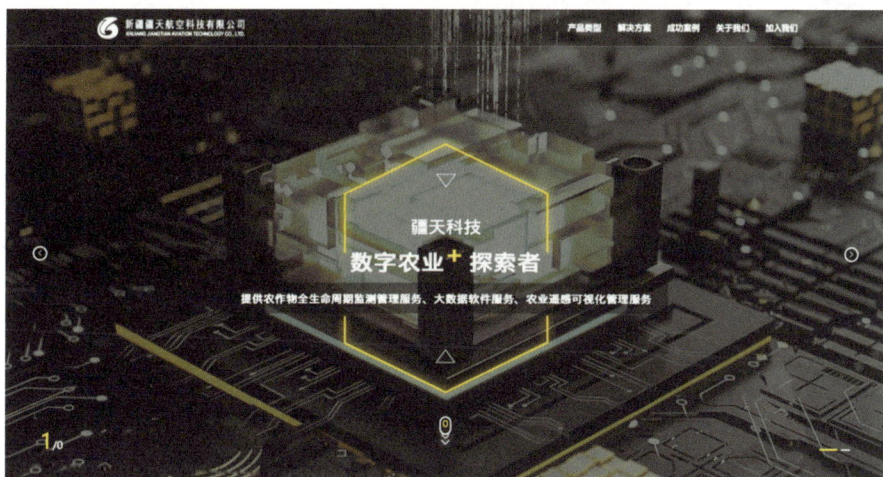

图 5-1　新疆疆天科技官网首页

2019 年，疆天科技正式上线棉花种植管理全程遥感监测及社会化服务平台（以下简称"疆天棉图"平台）。"疆天棉图"平台利用卫星遥感、人工智能、大数据等技术对涵盖棉花的生长环境、全程监测、产量评估、历史追溯等环节的数据进行采集、传输、分析、建模，为棉花生产、服务、监管提供数据支撑，为农资生产服务类企业、棉花种植经营主体、金融保险等企业提供科学、高效、可追溯的管理方案，提高了棉花种植数字化水平（见图5-2）。

图5-2 "疆天棉图"平台首页

"疆天棉图"平台从棉花种植到采收全过程中先在大范围（万亩以上）内锁定有问题的地块，然后用单项计算进一步锁定该地块内较差的区域，最后再通过对比物候期得出其较差的原因，主要提供的数字化服务有以下十项：

一是整体计算。在10~15秒内处理万亩以上的耕地快速监测，在更大的空间尺度上识别提取监测区内长势较差、旱情严重、病虫害暴发的区域，辅助规模化种植管理者或监管部门"快速发现问题、快速分析问题、快速解决问题"（见图5-3）。

二是播种前土壤含水量监测。掌握地势走向，为土地平整提供数据支撑；掌握土质问题及土壤保水能力，辅助判断应采取的播种方式，保障出苗率（见图5-4）。

图 5-3　整体计算页面

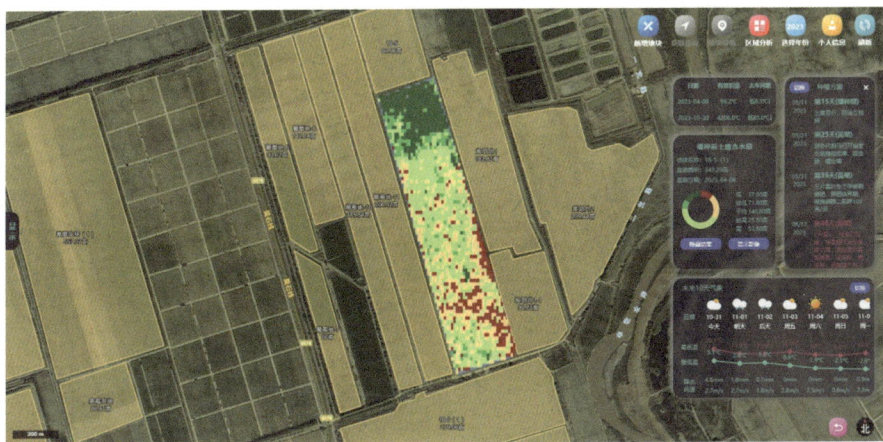

图 5-4　播种前土壤含水量监测

　　三是保苗情况监测。掌握整体保苗的情况，及时查看棉苗强弱区域分布；验证种子的表现优劣，为补种措施提供依据，也为后续管理措施调整提供依据（见图 5-5）。

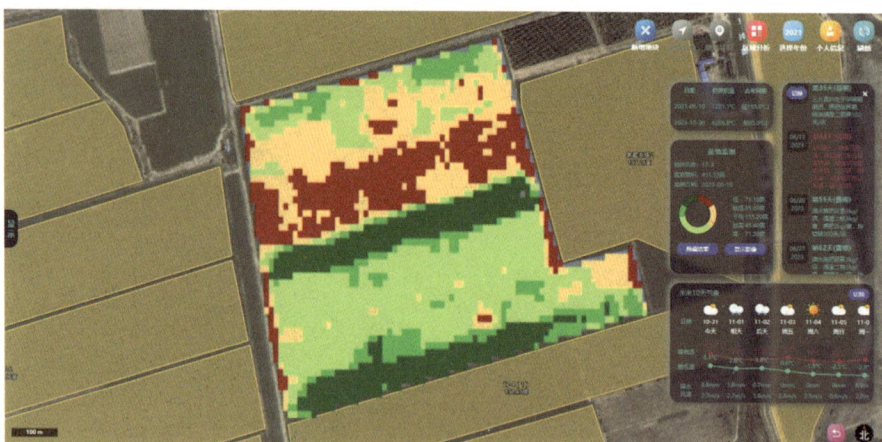

图 5-5　保苗情况监测

四是长势监测。为生长过程的水控、肥控、化控的三个关键要点提供数据支撑，做到管控措施及时、合理、整体、有效。及时发现整体长势的旺弱区分，辅助差异化管理，做好水控、肥控、化控等管理措施。同时做好全年的趋势分析，以便统筹管理（见图 5-6）。

图 5-6　长势监测

五是健康度监测。整体监测病虫害发生及棉株健康度水平；整体、直观地查看健康度差的区域和面积；巡田并查看病虫害的区域分布和面积大小，为植保措施提供必要数据基础；结合旱情、长势有针对性地巡田并查找原因及制订解决方案；对棉田整体情况进行监测，辅助管理人员进行虫情判断，并做好农机具的选择和病虫害防控时间的确定（见图5-7）。

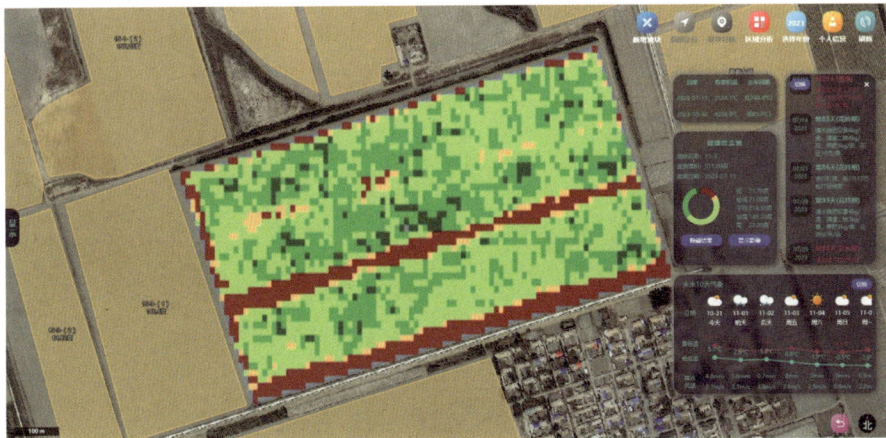

图 5-7　健康度监测

六是旱情监测。结合长势监测，整体监测、反馈植物干旱缺水情况；了解棉田整体旱情的分布区域，综合判断土壤性质及地势；根据全年的监测数据对比了解棉田受旱情况造成的影响大小；结合长势对比判断棉田是否需要进一步灌溉措施；为管理人员提供适宜的补水和灌溉方案；为下一年度的管道布局和合理水肥控制提供参考依据（见图5-8）。

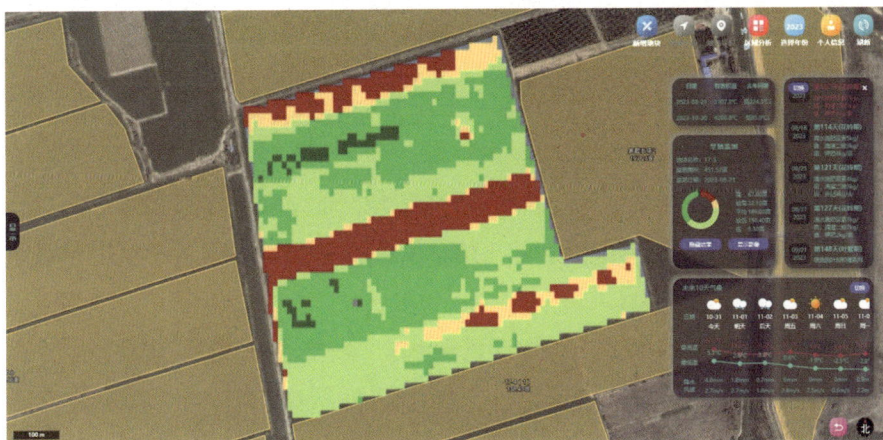

图 5-8　旱情监测

七是氮素监测。及时掌握氮素含量的高低与平衡，可以提前判定缺氮区域与氮素过剩区域，为水肥方案提供决策依据。同时，平衡氮素含量，确保棉株健康成长，保证合理的棉花产量，辅助管理人员了解品种特性、前期进水配肥方案等数据，并结合监测结果因地制宜采取措施（见图5-9）。

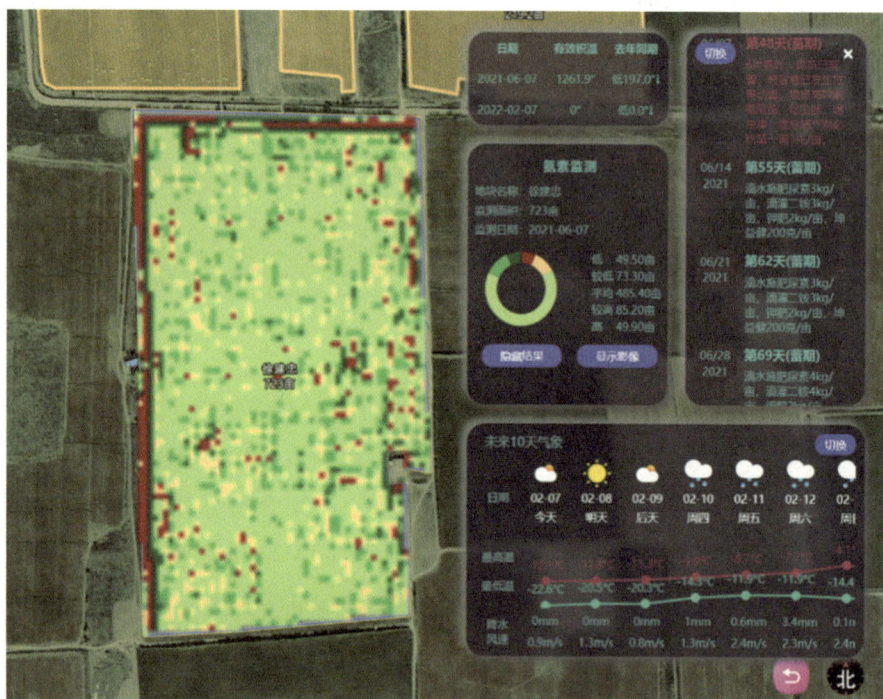

图5-9 氮素监测

八是叶绿素监测。通过叶绿素监测，为棉田化肥的精准施用等农耕措施提供可靠的数字依据，综合降低生产成本。通过此项监测数据结合品种特性、前期进水配肥方案等数据，结合监测结果因地制宜，使棉花管理更具科学性（见图5-10）。

九是吐絮情况监测。监测棉田整体吐絮情况，为确定脱叶剂喷洒用量和合理喷洒时间提供依据，并依据实际调整脱叶剂喷洒方案（见图5-11）。

图 5-10 叶绿素监测

图 5-11 吐絮情况监测

十是物候期计算，以单期卫星遥感影像为基础，通过监测期内棉花管理的重点信息，采用多种模型并行计算，并进行综合展示。以此展示监测地块的生长情况，帮助种植户进一步锁定田间管理重点，避免因农情信息获取不及时或管理疏忽而造成损失（见图 5-12）。

"疆天棉图"平台以云架构为基础，全部数据均实现云上处理与分析，具有监测范围大、快速连续监测、监测结果直观、与农业技术无缝衔接、为用户决策提供数据支撑等优点。其大幅度提高了棉花种植水平，服务的棉花种植面积超过 800 万亩，主要服务客户包含新疆利华棉业集团、金丰源种业、创世纪种业、合信种业等大型农业企业，累计为 3.5 万农民、家庭农场、合作社、农业技术人员提供了高质量的棉花种植数据服务。目前，平台主要监测服务准确率超过 85%，有效满足了新疆棉花大田种植与管理的数据应用需求。

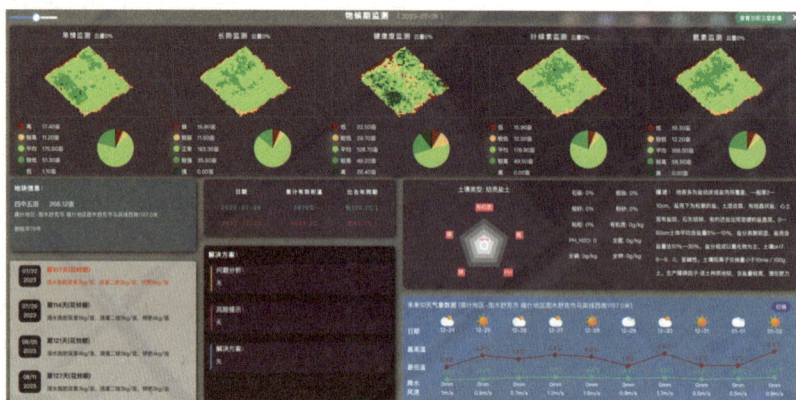

图 5-12　物候期监测

作为数字农业底层数据平台，"疆天棉图"平台各类监测模型能够与农业生产管理各环节有机地结合。如旱情监测与灌溉智能化融合应用，通过卫星遥感影像对田块进行旱情监测与分析，识别重旱区域，而智能灌溉节点将基于不同旱情状态，进行定时定量的补水灌溉措施，从而保障农田旱情与灌溉用水策略的有序调配；在病虫害发生的不同阶段，通过卫星遥感影像对农田病虫害区域进行监测与识别，并根据历史农事记录与农艺策略生产施药处方图指导智能农机装备的精准变量施药。利用卫星遥感影像对农田进行植被养分监测，通过反演数据及农艺策略形成植被养分、施肥处方建议等结果，进而指导农业生产过程中的水肥一体化智慧调控策略。

疆天科技针对常规种植户，推出"疆天棉图"小程序，旨在以轻量化的方式帮助种植户客观全面地了解耕种地块的数据信息，进而实现科学种植、精准管理。提供的服务方式以定期推送专项监测报告为主，当卫星数据更新后，将处理好的专项监测报告以"短信+H5 链接"方式向种植户进行推送，监测报告还包含问题识别结论、处置建议、种植方案、气象数据等信息（见图5-13）。

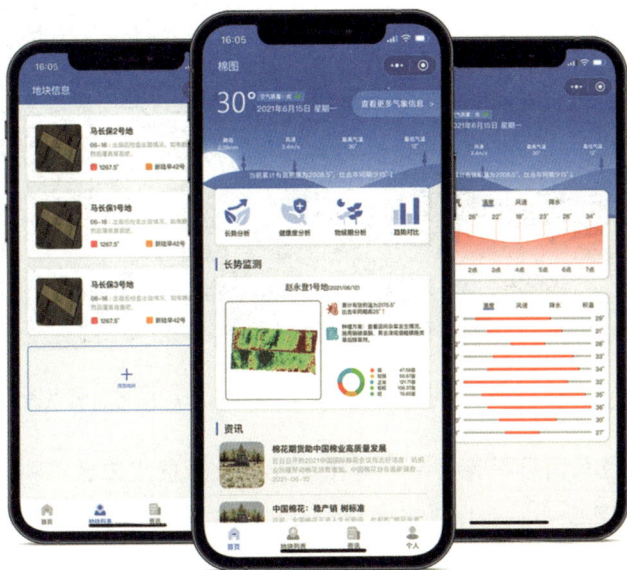

图5-13 "疆天棉图"小程序

下一步，疆天科技将依据大数据技术搭建农业云等平台，切实为农业生产提供精准全面的技术支持。一是通过大数据、互联网技术，构建全产业链条的智慧农业系统，改变传统农业的生产方式。二是在农业管理过程中，依靠云计算技术获取浇水量、施药剂量等信息，建立农产品质量安全溯源体系，确保产品的安全性，实现市县乡村三级管理，确保农业生产者、监管者、监测者之间的信息互联互通。

第二节 畜牧大数据平台赋能畜牧业数字化升级

新疆七色花信息科技有限公司创立于2012年5月17日，是一家专注于农牧业信息化的高新技术企业，主要研究移动互联网技术和云计算技术在农牧业上的应用，位于新疆克拉玛依市。

图 5-14　新疆七色花信息科技有限公司官网首页

新疆七色花信息科技有限公司在畜牧行业信息化领域深耕多年，在打通了 30 多个新疆畜牧兽医业务系统的基础上，建设和运营了新疆畜牧兽医大数据平台。平台通过对畜牧行业数据进行聚合、分析，实现实时业务分析、直观展示动态、掌握行业底数、提供决策依据、科学谋划产业布局，解决困扰畜牧行业多年的底数不清、工作不详、决策困难等痛点。平台还在业务信息化、数据可视化、分析智能化等方面均取得显著成效，推动了畜牧行业数字化升级（见图 5-15）。

图 5-15　新疆畜牧兽医大数据平台首页

　　畜牧兽医大数据平台的功能页面使主管部门准确掌握畜牧业生产资源底数，科学部署动物疫病防控措施，为畜牧业发展、产业布局提供数据依据。初步实现畜牧兽医各业务信息化管理，同时形成畜牧兽医大数据分析的工作机制。

　　该平台主要通过以下服务实现畜牧行业的业务信息化、数据可视化、分析智能化，推动畜牧行业数字化转型升级：

　　一是动物防疫。对动物防疫工作情况进行实时展示，通过该服务，兽医监管部门可精确掌握新疆整体动物防疫作业动态和各地州的具体防疫作业情况，保证动物防疫作业监管到位（见图5-16）。

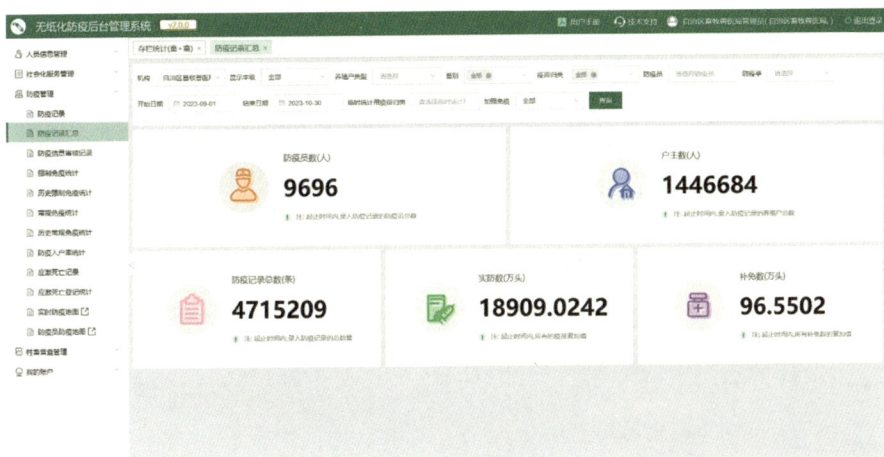

图5-16　动物防疫页面

　　二是出具动物检疫电子证。出具检疫产品合格证明时关联入场动物检疫合格证明及卡环信息，动物产品流入市场后，还可以通过扫描卡环二维码实现全流程追溯（见图5-17）。

　　三是种畜禽养殖场管理。对牲畜禽养殖进行科学管理、及时掌握养殖场繁殖、饲喂、产奶、疾病防治、死亡淘汰等指标信息；连接精准饲喂、发情监测、挤奶等设备，精减人力；实现多工种协同作业，场长、技术员、配种员、饲养员、挤奶工等岗位密切合作（见图5-18）。

图 5-17 动物检疫电子出证页面

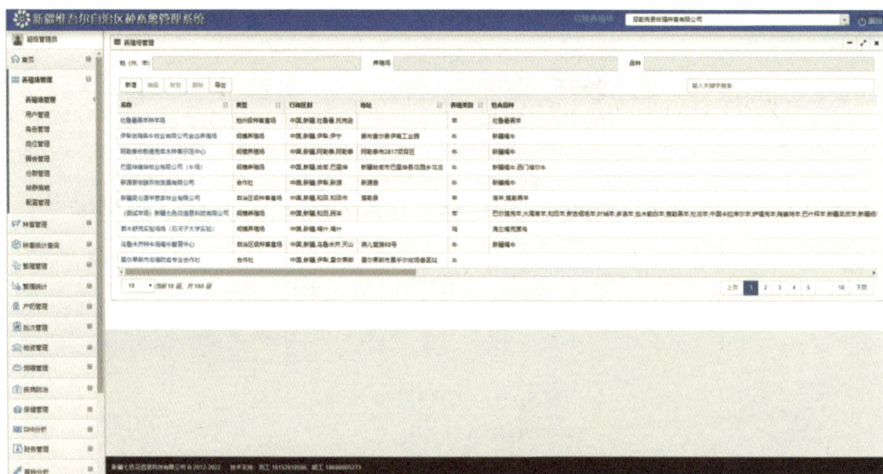

图 5-18 种畜禽养殖场管理页面

　　四是品种改良配种管理。配种员登记管辖区域内的母牛个体、配种记录、妊检记录和产犊记录，系统会自动进行妊检提醒、产犊提醒、产后适配提醒。管理员通过该系统了解所管辖区域内的配种人员、牛只总数、参配母牛及产犊数量，了解实时受胎率和产犊率，跟踪冻精使用情况（见图5-19）。

图 5-19　品种改良配种管理页面

五是畜产品价格监测。对各类畜产品（畜肉、禽肉、蛋、奶等）价格数据进行整理分析，以图形直观全面地展示当前各地州畜产品价格详情和变化趋势。可以通过价格变化反映供求关系变化状况，便于引导企业生产，调整生产经营决策（见图 5-20）。

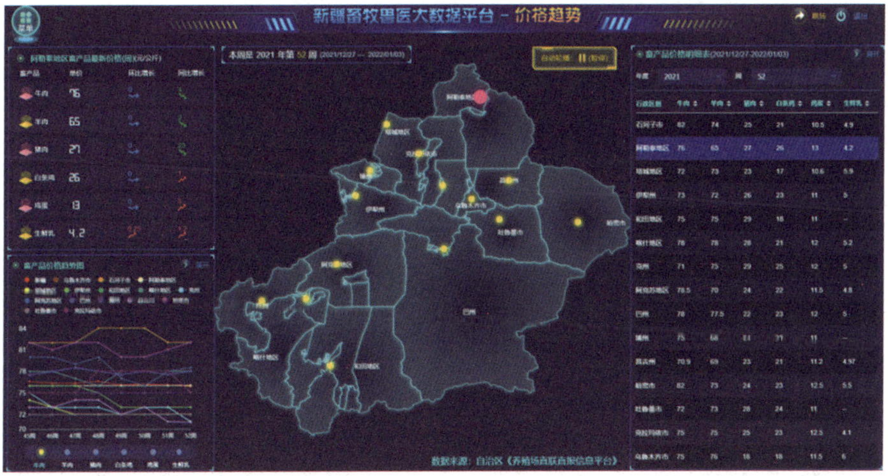

图 5-20　畜产品价格监测页面

六是屠宰运行。对全疆所有备案屠宰场（点）的分布情况和生产作业数据情况进行展示；同时，对备案屠宰场（点）的屠宰运行情况、变化趋势、屠宰量排行情况进行集中展示（见图5-21）。

图5-21　屠宰运行页面

七是动物及产品流向。实时获取进/出疆检疫证明信息，通过数据整合分析，结合地图热点、动态图形等技术可清晰了解动物及动物产品调入、调出的详细情况，清晰掌握新疆畜牧行业的主要来源和销售区域（见图5-22）。

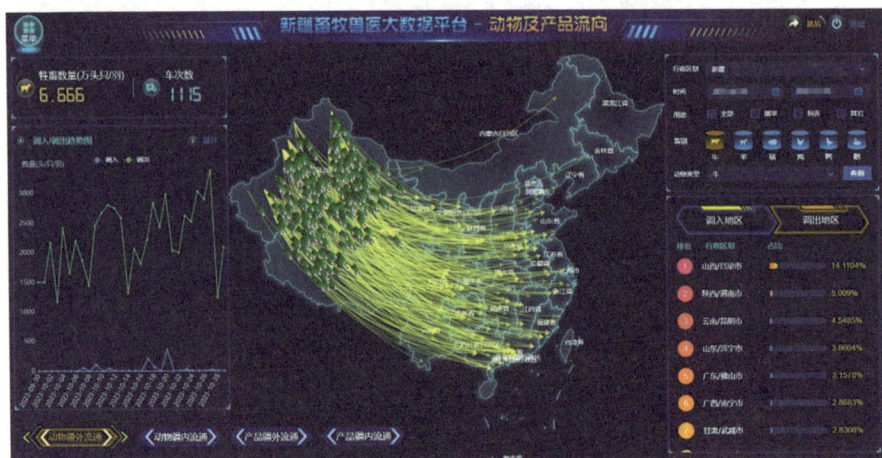

图5-22　动物及产品流向页面

畜牧大数据平台充分运用大数据分析、云计算技术，通过远程监督和实时跟踪，确保数据真实准确，为推动畜牧业高质量发展提供支撑。畜牧大数据平台及其子系统已在全疆全面开展应用，涉及 19 个公路检查站、1072 个检疫申报点、363 家屠宰场（点）、196 万养殖场（户）、3327 名官方兽医、12000 余名基层防疫员，真正做到了数据自动抓取、动态分析、业务实时跟踪、产品质量可追溯，提高了工作效率，为科学决策提供了依据。

畜牧大数据平台在畜禽防疫、出栏、运输、屠宰各环节大幅提升畜牧行业数字化水平的同时，也产生了显著的经济效益和社会效益。

一是减少运营成本。在物料投入方面，不再需要每年 200 万册以上防疫工作本的印刷及发放；在人力投入方面，手机采集信息大幅提升了工作效率，减少了人员投入。

二是提高行业运行效率。通过平台，防疫工作统计时间由原来的 1 个月变为现在的 1 分钟，并且避免了人为错误；利用平台的数字共享、监控等功能，更好地管理防疫经费和疫苗物资。

三是提升决策水平。平台为管理部门、养殖和加工企业、养殖户提供了大量的数据用于生产运营，提升了决策水平。

新疆七色花信息科技有限公司下一步将充分挖掘和利用畜牧大数据，将其应用到整个畜牧产业链，包括饲料、兽药、冻精等投入品，活畜保险及畜产品销售、运输、深加工等各个环节，最大程度助力新疆畜牧产业发展。

第三节 绿洲农场管理共享平台赋能智慧农场建设

新疆绿洲驼铃农业发展有限公司（以下简称绿洲驼铃），创立于 2018 年，是一家以线下农业生产运营团队为基础，和线上农业全产业链科技平台融会贯通，为农业生产"耕种管收"提供一站式解决方案的农业科技公司（见图5-23）。

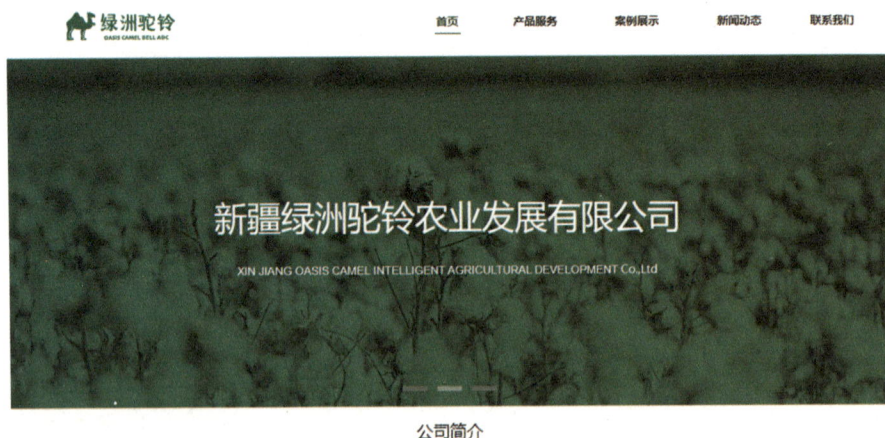

公司简介

图 5-23　新疆绿洲驼铃农业发展有限公司官网首页

绿洲驼铃主要通过打造标准化绿洲智慧农场（以下简称智慧农场），为家庭农场、合作社、国有公司等大农场主提供农业综合性托管服务。智慧农场的建成，将现代科技元素融入农业生产，通过"线上智慧平台+线下运营体系"专业运营，降低种植成本，提高生产效率，真正提高农户农业收入。

绿洲驼铃为推进智慧农场建设，开发和运营了绿洲农场管理共享平台，通过平台将农事活动、物联网设备、耕种管收各环节产生的大数据，及生产资料采购、资金流转、分析决策模型组织到一起，赋能聚焦农业"耕种管收"全产业链，大幅提升农业种植数字化水平，提高智慧农场产出（见图5-24）。

数字农情功能通过数字地图、数据仪表盘、作业指挥舱等模块对实时农业生产情况、作物长势情况以及历史管理记录进行数字化精准呈现。数字地图展示农场地块信息、作物信息、设备信息以及田间监测数据，充分利用卫星遥感技术对农场种植进行大范围、高时效的观测，凭借全面、快速、高频、精细的技术优势快速判断作物种植面积、长势、分布等情况，快速实现大范围农作物生长变化信息提取，并结合高频次、高精度影像回溯查明地块动态变化的详细过程。数据仪表盘依赖物联网设备和历史数据采集，并通过可视化手段监测作物分布、作物长势、产区气象、地块面积、土壤墒情、土地分类、历史农情、病虫害、气象灾情等情况，最终做到从手机 APP 和 PC 端实现管理和调度（见图 5-25）。

图 5-24　绿洲农场管理共享平台

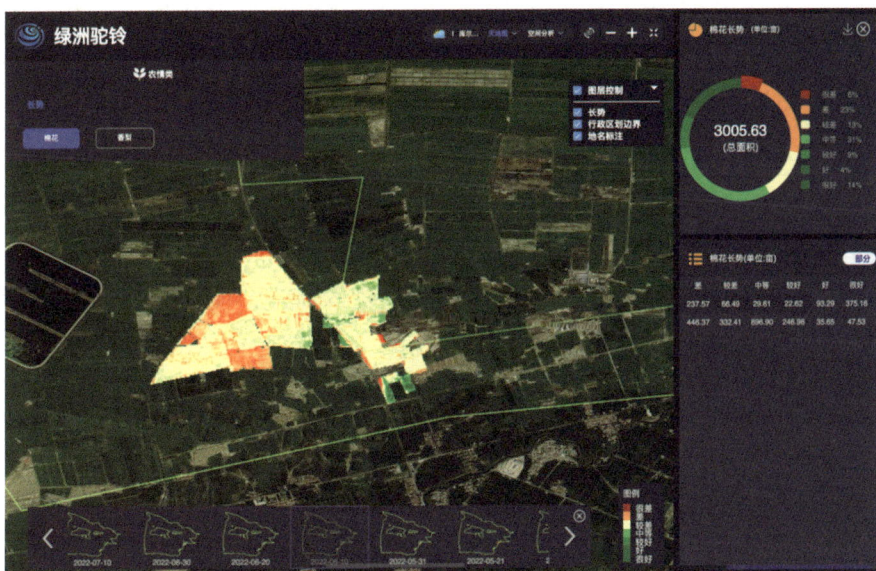

图 5-25　绿洲农场数字地图

　　绿洲驼铃在智慧农场中部署了土壤墒情监测仪、智能虫情测报灯、图像采集设备等，可实时监控农场区域的土壤、病虫害和农作物生长状况等。通过对智慧农场实行"线上智慧平台+线下运营体系"新模式，实现了农作物作业的全程智能、精准化作业，不仅减少了人力的投入，同时也提高了作业的效率和质量（见图5-26）。

图 5-26　棉花溯源监控平台页面

　　绿洲驼铃还建立了农机共享平台和农机管理平台，种植户通过农机共享平台发布订单后，附近就会有农机手快速接单。小程序一端连接了分散的农机手队伍，一端收集了农户的需求，有效化解了当地"有机无田耕、有田无机用"的供需矛盾，真正实现"让信息多跑路、农机多干活、农户得实惠"（见图5-27）。

　　在农机管理平台中，可以实时查看农机的状态、使用情况、作业面积、作业时长等数据都尽在掌握，为农机作业效率及保养维护提供数据支持和参考。通过对农机作业的监管，实现农机作业的智能化、数字化和无人化（见图5-28）。

图 5-27　农机共享平台

图 5-28　农机管理平台

　　智能施肥系统依托智能决策系统生成种植施肥方案，根据农作物生长环境及农作物本身生长情况，进行精准施肥、高效施肥、智能施肥，实现施肥自动化、精准化。用户可以使用手机 APP 远程操作，大幅节省劳动力投入，真正实现了施肥省时、省力、省工。

依托 APP 终端和运营平台实现农场体系中的数据采集和动作实施监督，依托农业网格员合作网络（ACN）推动信息共享和高效运营，提供种植全程的数据采集、关键决策和运营实施，带动整个业务流程的标准化。利用移动互联网特点，线下指导农民智能地参与产业链全过程，线上串联数据，使决策更科学（见图 5-29）。

图 5-29 运营-共享类服务平台

通过线上商城平台实现农资、农机服务、劳务服务以及土地信息的发布和交易，打造了以产业链电商数据为主的农业专业数据库和农业大数据服务平台（见图 5-30）。

绿洲驼铃依托种植端农产品现货聚集能力，建设农产品现货交易中心。如图 5-31 所示，线上棉花交易所集良繁育种、品质溯源、订单交易、金融服务、标准认证五大功能为一体，打造资源交易和有形市场统一的服务，引领高端农产品流通和可持续发展。

图 5-30　绿洲商城（小程序搜索：丰帮农服）

图 5-31　棉花交易所

在农业实际生产中，"经验决策+AI智能辅助决策"属于必不可少的一项内容，也是实现精准农业的重要基础。为了全面实现"智能决策"，首要任务就是认识并掌握农业决策相关内容，而绿洲驼铃技术团队为能够更好地实现智能决策技术体系的应用，提供了有效支持与基础（见图5-32）。

图 5-32　智能决策技术体系

　　绿洲驼铃采用自营和社会化服务两种方式推进智慧农场建设。绿洲驼铃有 4 个自营智慧农场，每个农场 5000 亩，公司通过对自营智慧农场运营，逐步增强智慧农场运营平台提高产出的能力。2020 年 10 月，绿洲驼铃承担阿瓦提县县域智慧农业项目，开展社会化服务实践，以智慧农场运营平台为核心，综合物联网设备、自动化装备等硬件设施，帮助阿瓦提县打造全疆首个棉花现代农业产业园，全国第一个棉花公共品牌 IP。2022 年 2 月，绿洲驼铃在库尔勒市和什力克乡萨依力克村打造智慧农场，牵头成立农业专业种植合作社带领周边近万亩土地种植户共同打造智慧农田。公司通过精准测算和数字化管理，全面推进化肥减量提效、农药减量控害的"双减要求"，实现用水量节约 40%、用药量节约 25%，增产 40% 以上，切实有效地推动了棉花产业绿色高质量发展。

　　未来几年，绿洲驼铃主要在三个方面推进智慧农场深入发展。(1) 通过大数据触发所有农业操作，让种植计划更精准，让种植过程更可控、可预估、可追溯。(2) 推动农业生产的工业化进程，最终实现金融化，让更多的资本投入到农业智慧化、现代化进程。(3) 覆盖更多农作物，从现阶段的棉花到林果、大豆、青贮、苜蓿、葵花、玉米和小麦等。

第四节 "德汇好物"平台推进小众特色水果全产业生态运营

德汇好物科技股份有限公司（以下简称德汇好物）是一家专注小众特色水果全产业生态运营的创新型科技公司，主攻"新梅、樱桃、杏李（恐龙蛋、味帝、味厚）、鲜食开心果"等超级单品。德汇好物以科技创新服务赋能，建立水果全产业链研发中心，从品种引进到苗圃繁育，从标准化的五个统一，到采后黄金四小时去除田间热、预冷保鲜，从精深加工、冷链物流、品牌打造、市场营销等方面，全力打造"唯独产区、优势产业、超级单品"，以期把新疆水果全产业做成世界级品牌、产业链龙头。

新疆水果资源丰富、产业发展潜力巨大。德汇好物通过对新疆水果产业的充分调研，结合果业现状，发挥自身优势，从第四代互联网新技术入手，打通直销渠道，对新疆水果产业链进行全面整合，以数字技术为引领，针对管理者和消费者分别搭建德汇好物 PC 管理端（以下简称 PC 管理端）和德汇好物小程序端（以下简称小程序端）。

PC 管理端主要用于管理者对用户、商品、订单、卡券的管理，并对营销活动产生的相关数据进行汇总和展示，主要提供以下服务：

一是用户管理，即对系统用户相关信息进行管理、查看和操作设置。管理者可以查看到用户的基本信息、购买记录、周期配记录、我的会员卡、我的优惠券、积分记录列表等信息，并对信息进行增添、删除等操作（见图 5-33）。

二是商品管理，即对商品的品牌、商家、规格、标签、视频等信息进行管理。管理者可以增添或删除商品相关信息，设置商品佣金、价格，并对商品进行上下架、推广等操作（见图 5-34）。

图 5-33　PC 端用户管理页面

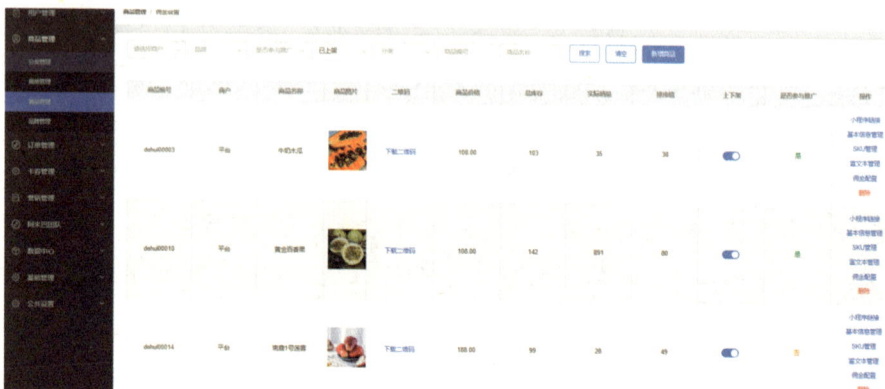

图 5-34　PC 端商品管理页面

三是订单管理，包括上传订单、订单查询、周计划管理、订单上传记录等服务。管理者可以查看订单相关信息，将物品单号信息上传至平台，设置周期发货订单，对商品进行售后管理等操作（见图 5-35）。

四是卡券管理。管理者可以添加发放优惠券，设置优惠券类型、数量、发放对象等信息，形成发放记录（见图 5-36）。

五是数据中心。主要是对月度排行榜、商品交易总额（GMV）、订单状态等数据信息进行汇总展示，对页面浏览量等数据进行分析，形成流量分析表（见图 5-37）。

图 5-35　PC 端订单管理页面

图 5-36　PC 端卡券管理页面

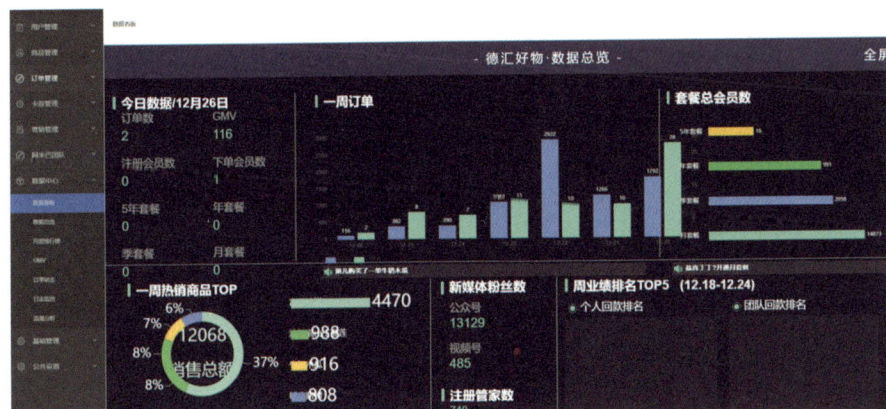

图 5-37　PC 端数据中心页面

　　小程序端主要满足消费者线上消费的需求，为消费者提供购物平台（见图 5-38）。

图 5-38　小程序端商城首页

　　德汇好物注重品质升级、零添加、高品质与高差异化。西梅除鲜食外，可以做精深加工功能产品，且西梅北纬 37°的产区具有独特性①。德汇好物在高品质鲜果的基础上，持续开发果干、果汁、精华萃取等高附加值产品，将鲜果原料"吃干榨尽"，开发产品均于小程序端面向消费者销售（见图 5-39）。

　　另外，小程序端还将上市哈密瓜、恐龙蛋、蓝宝石葡萄、蟠桃、蟠枣、干杏等商品。以此更好地推动新疆水果走出去，将新疆水果全产业做成世界级品牌（见图 5-40）。

---

　　① 北纬 37°日均 15 小时的光照，全年 220 天无霜期，昼夜温差 20℃，沙质土壤，昆仑山雪水灌溉，滋润果树。

图 5-39　商品分类页面

图 5-40　待上货商品页面

德汇好物主要通过以下几方面持续推动行业数字化升级：

一是通过自有高标准果园基地建设，制定了统一的种植标准，提升了新疆水果种植技术与产品品质，示范带动农户果园 50 万亩。

二是通过建设采收端工厂，引进消化吸收了国际先进水平的分选分级技术、保鲜贮藏技术，延长了鲜果的保鲜期和销售周期。

三是通过果干、原浆等精深加工产品开发销售，带动新疆水果产业向精深加工领域发展，提升产品附加值。

四是通过新疆水果全产业链的布局和销售平台建设，带动了当地就业，助推了果农增产增收，为乡村振兴和富民兴疆贡献力量。

为拓宽销售渠道，打开国内外市场，德汇好物与超过 50 年水果种植销售经验的智利跨国企业吉制集团展开合作。

德汇好物与吉制集团主要进行以下几方面合作：（1）西梅销售渠道合作，实现全球渠道共享，采用寄售+销售比价，开放联合品牌；（2）通过三藩德汇中智研发中心进行全球新品种引入，开展技术研发实验室、生产资料生产等全方位合作；（3）通过中智包装发展中心开展可以延长西梅保质期的包装材料的研发生产；（4）通过中智合作种植项目共同投资建设西梅示范园，开展种植技术培训等。

下一步，德汇好物将继续完善 PC 管理端和小程序端的各项功能，增加平台产品种类，满足不同人群的需求；同时通过与新媒体合作，提升线下消费者线上转化率，进一步提升品牌影响力，向消费者提供更加个性化贴心服务。

第五节　"疆陶甄选"平台赋能农副产品销售数字化升级

巴州疆陶农哥电子商务有限公司（以下简称疆陶农哥）于 2017 年在巴音郭勒蒙古自治州（以下简称巴州）正式成立，是一家通过线上线下全方位销售新疆优质干鲜果及特色农副产品的电商供应链公司。疆陶农哥通过专业仓储、专业下单平台、专业物流运输体系的"西果东输"模式打破了运输损耗大、产品品牌化效应弱的销售困局，让新疆的资源优势转化为经济优势。

"疆陶甄选"平台（以下简称平台），由疆陶农哥于 2020 年开发上线，是一款集产品发布、客户服务、业务规划、产品分析与管理、业务拓展、社群服务、服务咨询、运营管理为一体的综合性电商平台。它主要从事巴州及新疆其他地区的农副产品销售，截至 2023 年底，平台上架产品 200 余种，包含新疆特产干鲜果、生鲜产品、滋补产品、网红零食等。平台单日可处理单量超过 5000 单，日均发货量 2000 单，平台以轻量化的微信小程序为载体，无须下载，即可为用户及代理门店提供服务（见图 5-41）。

图 5-41　疆陶甄选平台首页

平台为新疆农特产品赋能，助力巴州地区种植户实现产品销售的数字化升级。用户仅需一个二维码就可逛遍新疆各个季节干鲜果品，同时为消费者提供一对一的专业化服务。

　　一方面，针对消费者，平台主要通过农产品信息、产品导航、操作指南这几项服务推动农副产品产业升级。

　　一是农产品信息。消费者打开小程序即可看到各种各样的产品信息，点击商品即可查看包括品名、规格、原料、产地、保质期、发货等产品详细信息，对商品进行详细了解，按需购买（见图5-42）。

图5-42　产品信息页面

　　二是产品导航。消费者可以在搜索框中直接检索心仪的产品，无须逐一查找，同时平台给出热门搜索关键词，一键即达；平台对各类农副产品进行分类，消费者可以直接按类挑选，提高购物效率（见图5-43）。

　　三是操作指南。消费者在购买过程中有疑问可以打开操作指南页面，平台从购买流程、商品、订单与物流配送几个方面对常见问题进行了整理并给出相应回答，如果消费者仍有疑问可以直接联系客服（见图5-44）。

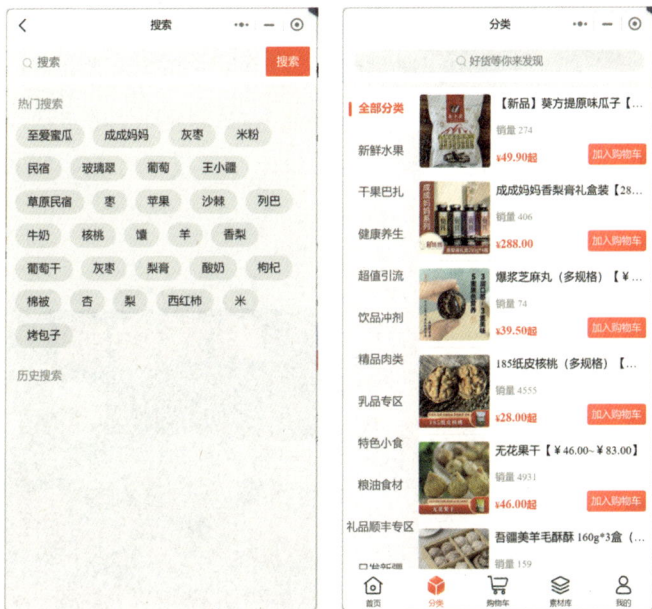

图 5-43 产品导航页面

图 5-44 操作指南页面

另一方面，对于种植户，平台为他们提供分销渠道，种植户可以将自己的农副产品上架到平台中，通过线上直播的方式进行销售，打开产品销路。平台入驻代理可快速募集分销渠道、人员，同时，建立管理机制并进行销售培训、经验分享等。平台设有素材库，种植户可直接参考商品介绍文案发布自己的商品介绍（见图5-45）。

图 5-45 助农分销页面

为拓宽周边地区农产品销售渠道，疆陶农哥在巴州推进企农联结机制建设，从保护种植户利益的角度出发，制定了相对较高的收购保护价，帮助种植户抵御市场风险。通过"公司+基地"模式，与轮台县阳霞镇、库尔勒市英下乡等地签订采购订单，形成良好的供销合作关系。为延长库尔勒香梨产业链，全网推广销售的香梨膏全部都是用库尔勒本地的香梨熬制的，平均30千克香梨才能熬制出一瓶香梨膏。2021年，香梨膏上市后，仅通过微商、电商渠道，香梨膏的年销售量便达到10万瓶左右，成为畅销品，消耗非商品香梨700吨左右，为种植户增加收入60余万元。

从公司设立至今，疆陶农哥累计带动1000余种植户增收，每户每亩地增收 300～500 元不等,直接、间接带动人员就业 200 余人次。通过产学研、交流会、培训会对大学生、社会人员、种植户培训累计超过 20 期、2000 余人次。通过订单农业模式,公司与合作社、种植户共同组织种养、生产、销售,提升农产品的价值链,同时带动周边产品转型升级、扩展销售渠道。

下一步,疆陶农哥将建立差异化服务体系,完善服务标准,打造自身品牌特色,提高公信力,形成独特的竞争力;着力打造"一县一品"的爆款农特产品和有影响力的品牌;在大数据时代利用云、大数据等数字技术驱动精细化运营;加深加强产学研合作,通过"智囊"打造标品,延伸农副产品的生命线;持续促进用户活跃度、优化用户体验、提升用户价值、驱动营销运营;同时加强数字产权保护,加强知识产权管理。疆陶农哥立足于巴州辐射新疆,将进一步畅通新疆农副产品销售渠道,助力新疆农副产品销售。

第六节 "数字玉米"平台赋能玉米产业高质量发展

新疆塔城市鑫塔农牧科技(集团)有限公司(以下简称鑫塔集团)于 2020 年 4 月 3 日成立,位于新疆塔城地区塔城市,经营范围涉及农业、畜牧、租赁、销售等多项业务,是塔城地区农业产业化龙头企业。

2021 年,鑫塔集团按照"公司+农户"的农业社会化服务模式,自主开发了从种植、管理、仓储、加工直至流通的"数字玉米"平台,从生产托管"耕、种、防、收"环节入手,触达"烘、储、加、销"等农业生产经营场景。通过"数字玉米"平台鑫塔集团实现了农业数字化精准管控和订单化生产。

同年鑫塔集团建立"农业社会化托管+金融服务"模式,通过统一技术、统一管理、统一装备、统一打药、统一服务等内容,以"数字玉米"平台为桥梁,以农业社会化服务托管合同为纽带,实现种植管理全面数字化托管服务（见图 5-46）。

图 5-46　数字玉米平台首页

数字玉米平台主要通过以下五个板块实现农业社会化数字托管服务：

一是农业企业经营服务。农业企业经营服务板块包含六个子系统：农户一卡通系统、生资管理系统、农机服务监管系统、农产品收购仓储系统、集团业务管理系统、国有土地收费系统。该板块为生资、农机、收储等农业生产过程服务提供保障（见图 5-47）。

图 5-47　农业企业经营服务板块页面

二是移动端服务。移动端服务板块包含两个 APP：鑫塔益农 APP 和掌上鑫塔 APP。鑫塔益农 APP 为农户提供服务涵盖农资商城、农资预购、农资采购、线上支付等功能；掌上鑫塔 APP 为经营管理者提供服务，涵盖出库管理、退货管理、商品盘库、作业订单等功能。移动端服务板块提供"下单—调度—监管"全流程一站式服务（见图 5-48）。

图 5-48　移动端 APP 页面

三是农业金融服务。农业金融服务板块包括：农户贷、托管贷、小微企业贷等普惠产品；现金直联、银企直联等结算产品；线下 POS 和线上聚合支付等支付产品（见图 5-49）。

四是大数据分析。大数据分析板块包含三个系统：大数据分析系统、土地一张图、玉米交易监管系统。板块汇聚作物生长环境、作物长势、病虫害、农事管理、农机作业等信息及种植投入品、产出品、农事作业记录、人员管理、成本收益等各类数据，有效提高了生产经营管理效率（见图 5-50）。

图 5-49　金融服务板块页面

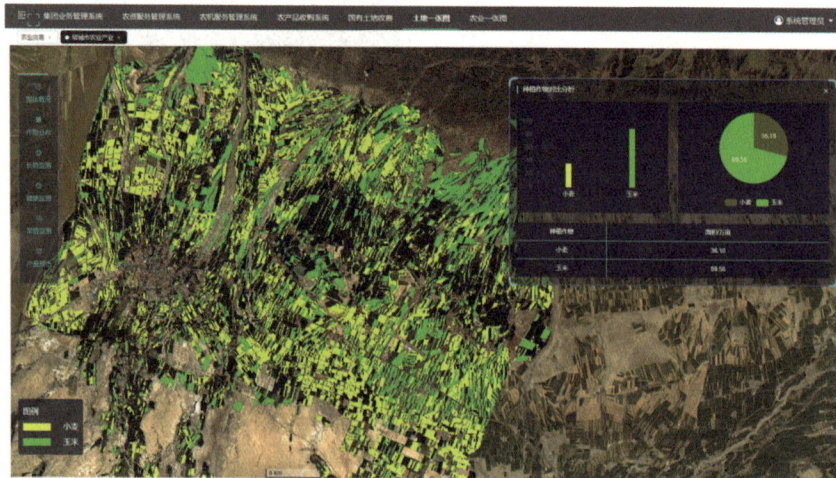

图 5-50　"土地一张图"页面

五是物联网外联。物联网外联板块包括读卡器、地磅、摄像头、测水仪、道闸等设备信息。利用外联设备，对土壤墒情、作物长势、气象环境、病虫害、田间视频等信息进行实时监测，为用户提供农情预警信息，提高科学决策能力。鑫塔集团还构建了用户评级和会员积分体系，为"数字玉米"平台的长效运行提供了支撑手段。

截至 2023 年底，"数字玉米"平台服务种植农户 4500 余户，托管土地 60 余万亩，实现农资销售额 2.8 亿元、农机服务收入 1.2 亿元、玉米收储资金兑付 12 亿元，发放农户贷款 7000 万元，累计为合作农户带来优惠和增益共 5598 万元。

下一步，鑫塔集团将立足于新疆区域内各类农产品优势产业，以科技手段赋能传统农业，整合优势资源，在全疆推广和复制"数字玉米"平台，实现农业集约化、规模化发展，为现代化农业产业发展打好基础，形成具有区域特色的规模化、产业化联盟。

第七节 番茄大数据平台赋能番茄产业数字化升级

新疆西帕新农业科技有限公司（以下简称西帕科技）成立于 2018 年，位于新疆乌鲁木齐市经开区，致力于为新疆番茄加工行业提供数字化转型的全流程技术服务。

2020 年，西帕科技正式涉足新疆番茄产业，深度探索卫星遥感、大数据、人工智能等现代技术，并与新疆特色农业产业相融合，推出新疆番茄大数据平台，赋能新疆番茄产业数字化转型升级。随后，西帕科技完成了加工番茄订单管理与收购系统的平台开发，平台上线后当年即完成了 14 万亩土地的电子信息档案建设工作，服务农户近 3000 户。2021 年，西帕科技开发加工番茄采收调度平台，服务采收车、拉运车驾驶员累计 500 人，核算农机作业费用超过 2500 万元。2022 年，西帕科技开发加工番茄工厂生产管理系统，实现 50 万吨番茄制品的种植环节可追溯（见图 5-51）。

新疆番茄大数据平台为全疆番茄加工厂、番茄种植户提供了多项数字化服务，提升了全行业数字化水平，减少了番茄种植损失，提高了工厂加工效率，增加了农户种植收益。

图 5-51　番茄大数据平台首页

新疆番茄大数据平台主要包含以下几项功能服务：

一是番茄地块识别。利用卫星遥感和深度学习等技术识别出新疆所有的番茄种植地块的具体位置、面积。从大数据平台了解到，2023 年新疆番茄种植面积约 80 万亩，其中，北疆地区约 56 万亩，南疆地区约 24 万亩（见图 5-52）。

图 5-52　北疆番茄主产区 2023 年种植分布图

二是番茄长势监测。新疆番茄大数据平台可穿透至番茄具体种植地块，统计区域内番茄种植面积，监测番茄生长状态，跟踪番茄采收进度，利用时空卫星遥感技术进行宏观分析，形成作物生长报告，包括逐月作物分析报告、临近月作物生长对比、历年重要月份作物生长对比等报告（见图5-53）。

图5-53　作物生长报告

三是番茄气象灾害预报。针对番茄生长特性和种植要求，新疆番茄大数据平台为农户和企业提供精确到地块的暴雨、高温、冰雹、霜冻预警服务，温度、降水、风速风向实时监测服务，保障番茄从移栽到采收的全环节气象预警（见图5-54）。

四是番茄成熟期预测。新疆番茄大数据平台通过整合多源卫星多光谱大数据，研发深度学习模型，计算番茄生长状态指数，从而预测每个地块的番茄成熟时间（见图5-55）。

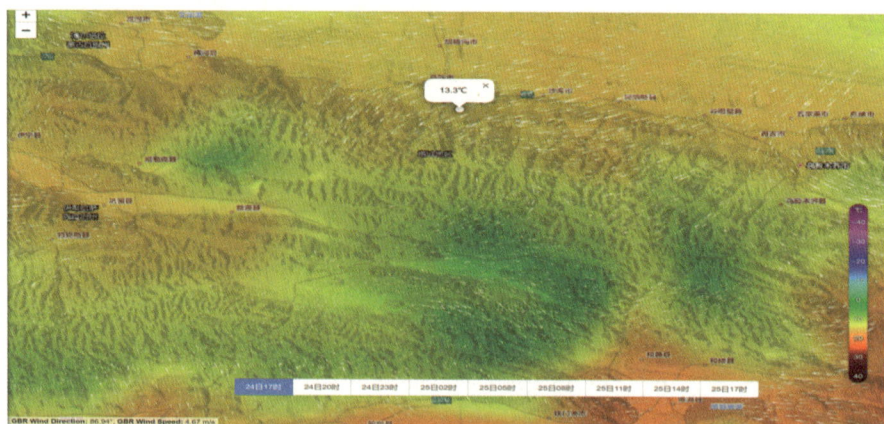

图 5-54　气象灾害预测图

图 5-55　作物成熟度监测

　　五是番茄采收进度监控。新疆番茄大数据平台通过监控番茄地块采收进度，形成番茄采收进度报告，使得番茄加工企业既能知晓区域内番茄原料的抢购情况从而调整自己的收购策略，还能根据采收进度来预测今年的停机时间，继而科学制订工厂的生产计划。目前，西帕科技通过应用多源卫星融合技术显著提升了目标区域内番茄采收进度的更新频率，能实现平均每 5~7 天更新一次采收进度（见图 5-56）。

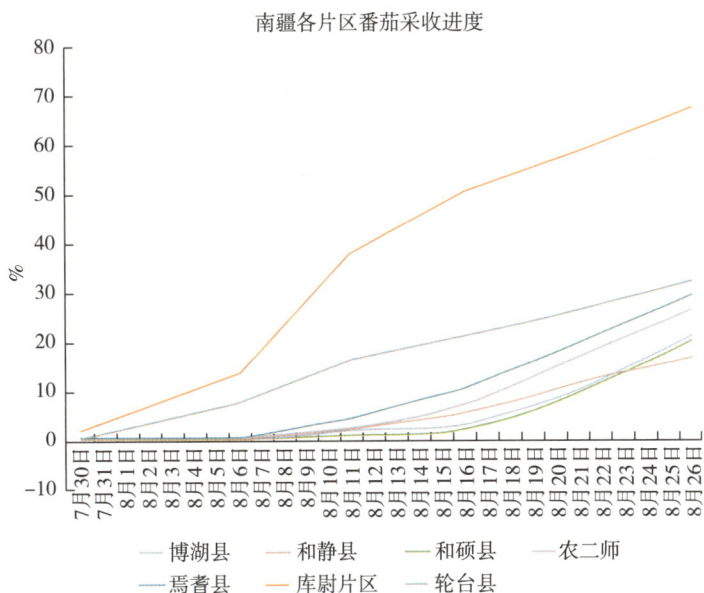

图 5-56　番茄采收进度监控

六是番茄采收车辆调度。服务主要包括任务自动派单、采收拉运全流程追溯、全程农机状态监控等多项农机管理调度功能。平台定期分析其采收进度，根据采收进度报告科学安排番茄采收拉运车的调度，合理制订生产计划（见图 5-57）。

图 5-57　采收车辆调度页面

七是番茄电子订单签订。番茄实现线上交售，交售过程后台系统全程记录，有效保证番茄交售过程的公开、公正、透明。

除了现有服务功能，西帕科技也在不断完善番茄成熟度监测模型和番茄产量预估模型，准备将成熟度监测和产量预估功能添加到平台中。

西帕科技通过数字化和智能化的方式显著提升了行业生产和供应效率，番茄平均交售排队时间减少 12 小时，将番茄在运输过程中的损失减少50%以上；提升种植户对先进种植技术的接受水平，种植户人均获得的番茄种植技术服务次数增加了 600%；显著提升了原料布局合理性，将工厂加工时间平均延长 5 天，降低工厂生产公摊 10%。

西帕科技通过应用新疆番茄大数据平台，带领新疆番茄产业迈入数字化生产时代，同时让番茄加工行业进入健康、可持续发展状态。下一步，西帕科技将会持续提高技术水平、优化平台功能，拓展产业布局，实现全产品线 SAAS 化升级。此举措进一步降低行业用户的使用成本，将加工番茄数字化转型全流程技术服务推广覆盖至所有企业，为新疆农业的高质量发展贡献力量。

第六章

新疆数字乡村发展建议

新疆各县域归纳数字乡村建设过程中主要存在的问题有数字化人才短缺、数字基础设施不完备、投入资金不足、用户数字素养低、产业支撑不足、在当地有落地服务的数字化服务企业少，占比依次为：92.94%、80.00%、75.29%、63.53%、63.53%、63.53%。

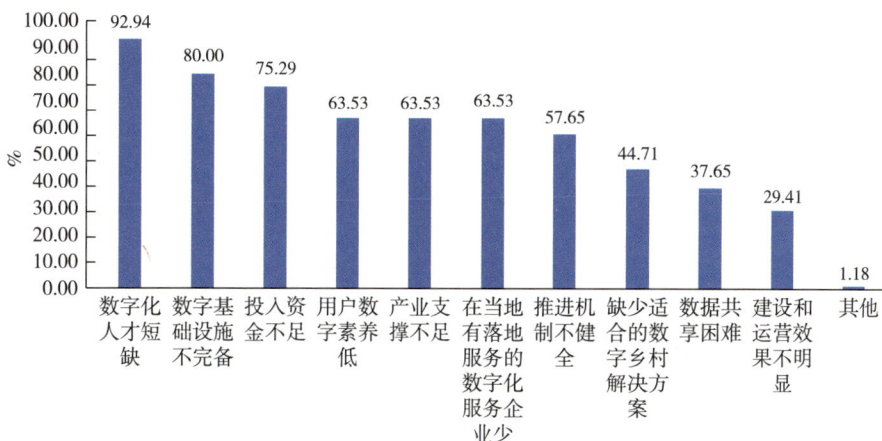

图 6-1 新疆县域数字乡村发展存在的问题

资料来源：新疆数字经济研究院整理。

第二节 新疆数字乡村发展需要的支持

针对深入推进数字乡村发展，各县域提出需要的支持主要有培育数字化专业人才、加大数字乡村建设资金投入力度、完善数字基础设施、健全推进机制、加大宣传与引导力度、龙头企业培育与引进，分别占92.94%、91.76%、76.47%、71.76%、70.59%、70.59%。从数据比较看，各县域需要的支持与存在的问题基本一致。

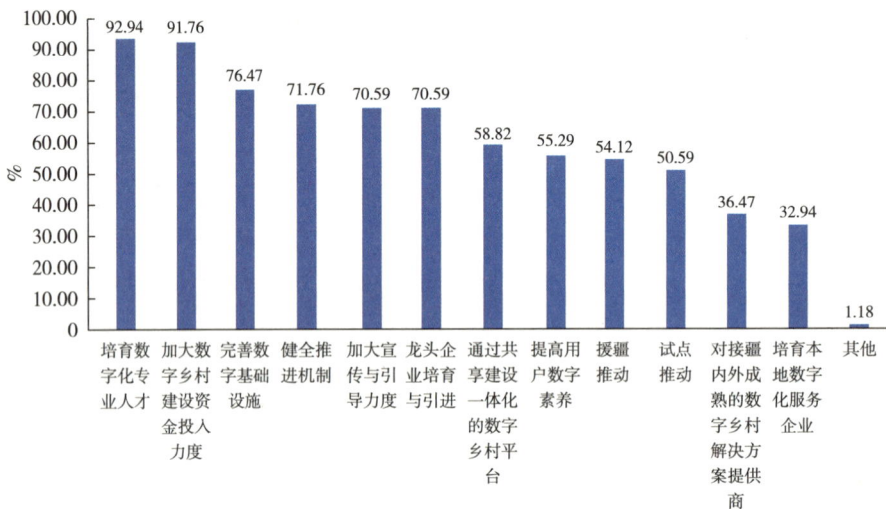

图6-2　新疆县域数字乡村发展需要的支持

资料来源：新疆数字经济研究院整理。

第三节　新疆数字乡村发展的建议

一、发挥政策、资金在数字乡村建设中的引导作用

在政策引导方面，相关部门依据《数字乡村发展战略纲要》《数字乡村发展行动计划（2022—2025年）》《2023年数字乡村发展工作要点》等政策，做好自治区数字乡村发展任务的顶层设计，分解至年度重点任务，分阶段地推进数字乡村深入发展。

在加大资金投入力度方面，（1）由相关部门统筹现有涉农资金，加大对数字乡村数据平台建设的资金投入力度，支持数字乡村重点项目建设；

（2）相关部门在科技项目中增加数字乡村科技计划专项；（3）引导社会力量参与数字乡村建设，形成多方合力，共同推动数字乡村发展。

二、自治区层面构建数字化底座，加快数字乡村发展

自治区相关部门联合建设统一的数字乡村公共大数据库、普适性的数字乡村系统，建好数字乡村发展的数字化底座，加快数字乡村建设进程。

一是相关部门参考《数字乡村建设指南 1.0》，联合建设全疆统一的数字乡村公共大数据库，打通各个系统、产业、环节间的数据，将乡村领域涉及的农业资源要素数据、乡村治理数据、主导产业数据等多维度数据进行统一的转化、存储、管理，对其进行大数据分析、可视化展示及智能化应用。

二是相关部门统一建设涵盖乡村治理、乡村文化、绿色乡村、公共服务、网络帮扶等功能的通用数字化系统，并将其布置到县域的每一个社区、村庄。

三、探索先进运营机制，降低县域数字乡村建设难度

在自治区相关部门、县域政府和数字化服务企业三者之间明确设计者、实施者、服务者的角色定位，建立"部门主建、县域主用、企业主投"的先进运营机制，大幅降低县域建设数字乡村的投入和困难。

自治区相关部门要构建推进机制，建设公共大数据库、通用数字化系统向县域免费部署，大幅减少县域在数据库、系统上的投入。

县域政府要引导县域涉农企业、数字化服务企业协同开发适用的县域数字乡村平台，和自治区部署的通用数字化系统做好无缝衔接，把数据汇聚到自治区，把自治区数字乡村的顶层设计在县域落实好。

数字化服务企业要投入建设和运营好县域数字乡村平台，通过解决乡村产业数字化痛点提高经济效益，并从新增经济效益中获取服务收益和发展空间。

四、培训、评价相结合，保障数字乡村建设效果

自治区数字乡村相关部门应采取以下措施：（1）组织县域数字乡村相关人员参加针对性的数字乡村建设技能培训，提升县域数字乡村相关人员的专业素养、技能；（2）县域做好村民数字化素养的普遍性培育，提高村民数字化素养；（3）积极参与国家数字乡村评价模型标准建设，不断探索、优化适合新疆区情的数字乡村发展评价指标体系、模型以及具体实施方法，以评促建。

附录 2　数字乡村发展相关政策

文件名称	发布部门	发布时间
关于实施乡村振兴战略的意见	中共中央、国务院	2018.01
乡村振兴科技支撑行动实施方案	农业农村部	2018.09
数字乡村发展战略纲要	中共中央、国务院	2019.05
数字农业农村发展规划（2019—2025 年）	农业农村部、中央网信办	2019.12
关于抓好"三农"领域重点工作确保如期实现全面小康的意见	中共中央、国务院	2020.01
关于开展国家数字乡村试点工作的通知	中央网信办、农业农村部等七部门	2020.07
数字乡村建设指南 1.0	中央网信办、农业农村部等七部门	2021.09
数字乡村发展行动计划（2022—2025 年）	中央网信办、农业农村部等十部门	2022.01
数字乡村标准体系建设指南	中央网信办、农业农村部等四部门	2022.09
2023 年数字乡村发展工作要点	中央网信办、农业农村部等五部门	2023.04

附录 3　2023年新疆数字乡村建设试点地区名单

序号	地州市	县域
1	伊犁哈萨克自治州	霍尔果斯市
2	塔城地区	乌苏市
3	阿勒泰地区	富蕴县
4	克拉玛依市	克拉玛依区
5	博尔塔拉蒙古自治州	博乐市
6	昌吉回族自治州	玛纳斯县
7	哈密市	巴里坤县
8	吐鲁番市	托克逊县
9	巴音郭楞蒙古自治州	若羌县
10	阿克苏地区	温宿县
11	克孜勒苏柯尔克孜自治州	阿克陶县
12	喀什地区	巴楚县
13	和田地区	和田市

《数字乡村发展行动计划（2022—2025年）》

数字乡村发展行动计划（2022—2025 年）

数字乡村是乡村振兴的战略方向，也是建设数字中国的重要内容。"十四五"时期是乘势而上开启全面建设社会主义现代化国家新征程、向第二个百年奋斗目标进军的第一个五年，也是全面推进乡村振兴、建设数字中国的发力期。为贯彻落实《中华人民共和国国民经济和社会发展第十四个五年规划和 2035 年远景目标纲要》《数字乡村发展战略纲要》《"十四五"国家信息化规划》部署要求，加快推进数字乡村建设，充分发挥信息化对乡村振兴的驱动引领作用，整体带动和提升农业农村现代化发展，促进农业全面升级、农村全面进步、农民全面发展，特制定本行动计划。

一、总体要求

（一）指导思想

以习近平新时代中国特色社会主义思想为指导，全面贯彻党的十九大和十九届历次全会精神，深入贯彻中央经济工作会议、中央农村工作会议精神，坚持稳中求进工作总基调，立足新发展阶段、贯彻新发展理念、构建新发展格局、推动高质量发展，促进共同富裕，坚持和加强党对"三农"工作的全面领导，牢牢守住保障国家粮食安全和不发生规模性返贫两条底线，以解放和发展数字生产力、激发乡村振兴内生动力为主攻方向，着力发展乡村数字经济，着力提升农民数字素养与技能，着力繁荣乡村网络文化，着力提高乡村数字化治理效能，为推动乡村振兴取得新进展、农业农村现代化迈出新步伐、数字中国建设取得新成效提供有力支撑。

（二）基本原则

坚持深化改革、创新驱动。围绕农业农村现代化目标，进一步深化农业农村改革，发挥新一代信息技术创新引领作用，推动制度、机制、模式和技术创新，培育发展数字乡村新产业、新业态、新模式。

坚持以人为本、内生驱动。始终把维护好农民根本利益、促进农民农村共同富裕作为数字乡村建设的出发点和落脚点，充分发挥农民主体作用，激发农民积极性、主动性、创造性，让广大农民成为数字乡村建设的参与者、受益者。

坚持统筹协调、城乡融合。强化资源整合、部门协同和上下联动，坚持数字乡村与新型智慧城市一体设计、协同实施，推动城乡信息基础设施互联互通、产业生态相互促进、公共服务共建共用。

坚持规划引领、分类推进。科学规划、合理安排数字乡村建设重点任务和工程，结合各地发展基础、区位条件、资源禀赋，按照不同类型村庄发展规律，分类有序推进数字乡村发展，按需建设信息化设施，防止形象工程、铺张浪费。

（三）行动目标

到 2023 年，数字乡村发展取得阶段性进展。网络帮扶成效得到进一步巩固提升，农村互联网普及率和网络质量明显提高，农业生产信息化水平稳步提升，"互联网+政务服务"进一步向基层延伸，乡村公共服务水平持续提高，乡村治理效能有效提升。

到 2025 年，数字乡村发展取得重要进展。乡村 4G 深化普及、5G 创新应用，农业生产经营数字化转型明显加快，智慧农业建设取得初步成效，培育形成一批叫得响、质量优、特色显的农村电商产品品牌，乡村网络文化繁荣发展，乡村数字化治理体系日趋完善。

二、重点任务

(一) 数字基础设施升级行动

1. 乡村信息基础设施优化升级。持续实施电信普遍服务，开展农村地区 4G 基站补盲建设，逐步推动 5G 和千兆光纤网络向有条件、有需求的乡村延伸。持续推进城市农村"同网同速"，优化提升农村宽带网络质量。探索运用卫星等多种手段，提升农村及偏远地区学校、医院网络接入水平和质量。深入实施智慧广电建设工程，依托有线电视网络承载智慧乡村服务。优化广播电视业务网络，推动广播电视服务走向"终端通""人人通"。优化农村信息服务基础设施建设，有序推进农业农村、商务、民政、邮政、供销等部门农村信息服务站点的整合共享，推广"多站合一、一站多用"。鼓励开发适应"三农"特点的信息终端、技术产品、移动互联网应用（APP）软件，不断丰富"三农"信息终端和服务供给。

2. 乡村传统基础设施数字化改造升级。完善农村公路基础数据统计调查制度，强化电子地图定期更新，提升农村公路管理数字化水平，推动"四好农村路"高质量发展。加快农村电网数字化改造，实施农村电网巩固提升工程，补强农网薄弱环节。加快农村水利工程智慧化、水网智能化，进一步加强全国河长制湖长制管理信息系统建设和应用，推动各类信息共享和联动更新。支持国家骨干冷链物流基地、区域性农产品冷链物流设施、产地冷链物流设施等建设，补齐冷链物流短板。

❯ 专栏 1

基础设施数字化改造提升工程

继续实施无线数字化覆盖工程。推进农村地区中央广播电视节目无线数字化覆盖，满足广大人民群众收看收听数字广播电视节目的需求。

推进农村地区中小型水利设施智能化改造。完善雨水情测报和工程安全监测体系，全面提升中小型水利工程的信息感知能力，落实工程安全管理责任制，充分利用信息技术手段，逐步推进农村地区中小型水利工程全生命周期的仿真运行管理，实现智能化、自动化监管。

（二）智慧农业创新发展行动

3. 加快推进农业农村大数据建设应用。建立健全农业数据资源目录，以第三次全国国土调查成果为基础，加快建设全国农业农村基础数据库，构建全国农业农村数据资源"一张图"。以粮、棉、油、果、菜、茶、糖、生猪、奶牛、水产等重要农产品为重点，深入推进单品种全产业链大数据建设，提升数据分析应用能力。加强大数据采集、传输、存储、共享、安全等标准体系建设，提高农业农村数据流通、使用效率。建立健全重要农产品市场监测预警体系，为政府和市场主体提供公共数据服务。打造惠农数字粮食服务平台，构建粮食产购储加销大数据体系，以数字技术赋能优质粮食工程。推动建成全国农田建设数字化监管平台，完善自然资源调查监测、国土空间规划、永久基本农田等数据库，建设自然资源三维立体"一张图"。

4. 建设天空地一体化农业观测网络。统筹使用国家民用空间基础设施中长期发展规划卫星及民商遥感卫星等资源，构建农业天基网络，形成常规监测与快速响应的农业遥感观测能力。开发适合我国农业生产特点和不同地域需求的无人机导航飞控、作业监控、数据快速处理平台，构建航空观测网络，提升区域高精度观测和应急响应能力。整合利用各类农业园区、基地的物联网数据采集设施，逐步推动数据汇集。

5. 加快农业生产数字化改造。建设一批智慧农场、智慧牧场、智慧渔场，推动智能感知、智能分析、智能控制技术与装备在农业生产中的集成应用。推进无人农场试点，通过远程控制、半自动控制或自主控制，实现农场作业全过程的智能化、无人化。大力推进数字育种技术应用，建设数字育种服务平台，加快"经验育种"向"精确育种"转变，逐步发展设计育种。完善国家农产品质量安全追溯管理信息平台，推进农产品质量安全信息化监管，探索建立追溯管理与风险预警、应急召回联动机制。

6. 加快智慧农业技术创新。制定智慧农业技术发展路线图，重点突破智慧农业领域基础技术、通用技术和关键技术，超前布局前沿技术。加强专用传感器、动植物生长信息获取及生产调控机理模型等关键共性技术攻关，重点推进适用各种作业环境的智能农机装备研发，推动农机农艺和信息技术集成研究与系统示范。加强农机装备技术创新，逐步突破200马力无人驾驶拖拉机、大型液压翻转犁、精密播种机械、复式作业机具等整机和机具。

7. 加强农业科技信息服务。完善农业科技信息服务体系，支持培育一批面向新型农业经营主体和小农户的信息综合服务企业，引导社会主体开展以数据为关键要素的农业生产社会化服务。建立完善科技特派员综合信息服务平台，支持科技特派员开展在线指导答疑和交流工作经验。

专栏2

农业建设工程

建设国家农业农村大数据平台。改造提升农业农村云基础设施，升级完善农业农村数据采集系统，建设农业农村数据"一张图"和农业农村大数据分析通用系统。

建设国家数字农业农村创新中心。围绕关键共性技术攻关、战略性前沿性技术超前布局、技术集成应用与示范，建设国家数字农业农村创新中心和分中心。

建设国家数字农业创新应用基地。在数字化水平领先的地区，建设一批国家数字农业创新应用基地，对接国家数字农业农村创新中心和分中心，实现相关技术产品集成应用、中试熟化、标准验证、示范推广等，推进数字技术在农业生产经营中的综合应用和集成示范。

（三）新业态新模式发展行动

8. 深化农产品电商发展。深入实施"互联网+"农产品出村进城工程。支持农业龙头企业、农民专业合作社以及种养殖大户、家庭农场等新型农业经营主体通过网络销售区域特色农产品。扩大农村电商覆盖面。持续实施"数商兴农"，积极打造农产品网络品牌，支持地方开展特色农产品认证和市场推广，以品牌化带动特色产业发展。加快农村寄递物流体系建设，分类推进"快递进村"工程。建立完善农村物流共同配送服务规范和运营机制，发展县乡村物流共同配送，实现统一仓储、分拣、运输、揽件。持续发展"巾帼电商"，培育"巾帼电商"品牌，开展面向农村妇女的电商培训。引导电商平台规范有序开拓电商分销渠道，用好社交电商、直播电商等新模式。

9. 促进农村消费升级。畅通"工业品下乡"通道，促进农村居民生活用品、农资农具、生产经营服务的线上购买。丰富农村信息消费内容，发展乡村数字文化消费新场景。合理引导农村居民在网络娱乐、网络视听内容等领域的消费。加强农村信息消费市场监管，严肃查处制假售假、违法生产经营等行为，切实保护农村居民的消费权益。瞄准农村信息消费重点领域和产品，开展消费品质量安全"进社区、进校园、进乡镇"消费者教育活动，提高农村居民消费品质量安全意识。

10. 加快培育农村新业态。推进乡村旅游智慧化发展，打造一批设施完备、功能多样、智慧便捷的休闲观光园区、乡村民宿、森林人家和康养基地，线上推荐一批乡村旅游精品景点路线。推进创意农业、认养农业、健康养生等基于互联网的新业态发展，探索共享农场、云农场等网络经营新模式。通过网络传播农村各类非物质文化遗产资源，促进乡村特色文化产业发展。引导在线旅游、电子商务、位置信息服务、社交媒体、智慧金融等平台企业将产品和服务下沉到乡村，健康有序发展农村平台经济。

> **专栏 3**

电商优化升级工程

深入推进"互联网+"农产品出村进城工程。发挥"互联网+"在推进农产品生产、加工、储运、销售各环节高效协同和产业化运营中的作用,培育出一批具有较强竞争力的县级农产品产业化运营主体,完善农村物流配送体系,健全适应农产品网络销售的供应链体系、运营服务体系和支撑保障体系。

持续实施"快递进村"工程。在县乡两级基础上进一步延伸服务网络,推进直投到村,鼓励采用邮快合作、快快合作、驻村设点、交快合作、快商合作等多种方式。建设农村邮政普遍服务惠农公共平台,推动有条件的地区建设村级寄递物流综合服务站,培育邮政服务农特产品出村进城项目和快递服务现代农业金牌项目。

(四) 数字治理能力提升行动

11. 完善农村智慧党建体系。推进全国党员干部现代远程教育系统优化升级,扩大网络党课在农村党员教育中的应用。丰富党建信息化综合平台功能,加快基层党组织"上云"。综合运用重点新闻网站、政务网站、"两微一端"等平台,积极稳妥、依法依规推动党务、村务、财务等信息网上公开,拓宽党群沟通渠道,畅通社情民意。

12. 推动"互联网+政务服务"向乡村延伸。完善全国一体化政务服务平台,推动实现网上政务服务省、市、县、乡、村五级全覆盖,提高涉农事项全程网上办理比例,推动政务服务"网上办、掌上办、一次办"。推进电子政务外网向乡镇、村延伸,扩大乡村基层便民服务中心、服务站点部署范围,推进线上线下深度融合。建立健全政务数据共享协调机制,稳步扩大涉农政务信息资源共享范围。深化农村综合服务网点覆盖,推进农村地区数字社区服务圈建设,提升政务、商超、养老等综合服务功能,做好乡村服务"最后一百米"。建设农村工程建设项目管理信息化平台，实现农村工程建设项目"一网统管"和"一网通办"。

13. 提升村级事务管理智慧化水平。推广村级基础台账电子化，建立统一的"智慧村庄"综合管理服务平台。推广村级事务"阳光公开"监管平台，推进村级事务及时公开、随时查看。进一步丰富村民自治手段，推进村民在线议事、在线监督。加快农村集体资产监督管理平台建设，促进建成便民快捷、管理高效、上下联动、部门共享的农村集体资产大数据库。

14. 推动社会综合治理精细化。逐步完善"互联网+网格治理"服务管理模式，打造基层治理"一张网"，推广"一张图"式乡村数字化治理模式。深入推进公共法律服务网络平台、实体平台、热线平台三大平台融合发展，整合法律服务网与司法行政 APP、小程序功能。推广运用智能移动调解系统，拓展利用移动端开展法律服务，为农民群众提供在线法律咨询、法律援助、维权指引、视频调解等线上服务。高质量建成涵盖所有县、乡、村的公共安全视频图像应用体系，进一步加大农村地区公共安全视频图像应用系统建设。引导各级各类社会化视频图像接入公共安全视频图像信息共享交换平台，积极推动视频图像资源与网格中社会治理基础数据有效融合、开放共享。

15. 加强农村智慧应急管理体系建设。依托天空地一体化监测体系，加强自然灾害综合监测预警，对乡村地质灾害、洪涝灾害、林牧区森林草原火灾等灾害及生产生活安全进行监测预警。依托应急资源管理平台，合理调度防灾救灾物资，做好乡村受灾人群应急救援和保障服务。完善覆盖全面、实时监测、全局掌控的乡村数字化公共卫生安全防控体系，建立突发事件风险监测与预警信息共享平台，引导村民开展自我卫生管理和卫生安全防控。完善农村气象灾害智能预报系统，构建广覆盖、立体化的预警信息发布体系，建立精细到乡镇的气象预报和灾害性天气短时临近预警业务，推动预警信息到村到户到人。加快应急广播体系建设，推进基层应急广播主动发布终端覆盖，建立应急广播快速传达通道。

专栏4

数字治理体系打造工程

开展乡村治理数字化建设。加快推进农村地区数字基础设施、系统平台和应用终端建设，强化系统集成、数据融合和网络安全保障。因地制宜加强农村地区便民服务软件建设，提高乡村治理数字化、智能化、便捷化水平。推进农村地区数据资源整合，实行一次综合采集、多方共享利用。

推进农村地区"智慧法援"建设。推进"云公共法律服务中心""云律所"建设，利用远程视频系统为农村地区提供线上法律援助、咨询等服务。支持在每个行政村设立法律援助联络点，依托村（居）法律顾问和法律明白人设立联络员，配备实现宽带接入的计算机、打印机、复印机等设备设施。定期组织对法律援助联络员的业务培训，提升法律援助服务能力。

巩固提升农村地区公共安全视频图像信息系统建设。积极推进农村公共安全视频图像信息系统建设和智能化示范应用。充分发挥公共安全视频图像信息系统基础平台和海量视频资源优势，探索在维护国家安全和社会稳定、农村治安防控和社会治理、生态建设与保护、疫情防控和防灾减灾等方面的智能应用。

构建农村地区智慧化气象灾害预警体系。构建由地面观测调查、无人机摄影测量、雷达监测以及卫星遥感等综合互补的一体化、智慧化农业农村气象灾害观测探测体系。发展精细化、动态化农业气象灾害预报预警技术和农用天气预报技术，面向农业农村气象灾害高风险区域、灾害高敏感对象，建立灾害影响速判决策支撑系统。

推进农村地区应急广播主动发布终端覆盖。聚焦基层应急广播主动发布终端建设，做强应急广播"最后一公里"，建设质量高、抗毁灭能力强的应急广播大喇叭主动发布终端，推动应急信息精准传递。

（五）乡村网络文化振兴行动

16. 筑牢乡村网络文化阵地。完善县级融媒体中心功能，拓展党建服务、政务服务、公共服务、增值服务等服务。持续开展县级融媒体中心东西部协作交流。强化乡村网络文明建设，大力宣传弘扬社会主义核心价值观和中华优秀传统文化。加大对"三农"题材网络视听节目的支持，增强优质内容资源供给。规范互联网宗教信息服务，通过网络在农村地区开展涉及宗教的法律法规和政策的宣传普及工作。遏制不良网络信息在农村传播，加强农村少年儿童不良信息防范教育。

17. 推进乡村文化资源数字化。推进实施国家文化数字化战略和国家文化大数据体系建设。按照国土空间基础信息平台数据标准，推进全国文物信息资源数据库建设，及时将文物资源空间信息纳入同级国土空间基础信息平台，加强农村文物资源的数字化保护。依托中华优秀传统文化传承发展工程，组织开展中华文化资源普查、传统村落保护利用、非物质文化遗产资源数字化、农耕文化传承保护工作。用数字化手段保存农村地区国家级非遗代表性传承人技艺。加快推进历史文化名镇、名村数字化工作，完善中国传统村落"数字博物馆"。加大文物资源数字化展示传播与进村力度，推出一批"数字文物资源库"和"数字展览"。推进农村基层文化服务机构信息化，提高乡镇综合文化站、村（社区）综合性文化服务中心等基层公共文化设施数字化服务水平。加快建设数字农家书屋。

> **专栏5**
>
> #### 文化设施和内容数字化改造工程
>
> 深入推进乡村核心文化资源数字化。汇集乡村文物、非物质文化遗产、地方戏曲剧种、农耕文明遗址等数据资源，丰富中国文化遗产标本库，实现乡村核心文化资源的数字化保存。

实施云上民族村寨工程。在全面普查基础上，对已命名的中国少数民族特色村寨进行数字化留存，建立涵盖特色村寨基本信息、历史文化、民族记忆、虚拟现实/增强现实（VR/AR）展示、影像资料、相关规划、保护机制等信息的数据库，建设形成智慧村寨数据平台和信息管理系统。

（六）智慧绿色乡村打造行动

18. 提升乡村生态保护信息化水平。强化山水林田湖草沙冰系统治理数据收集与分析，实现农村生态系统的动态监测、智慧监管。建设全国农村生态环境综合管理系统，开展农业面源污染排放特征监测分析、畜禽（水产）养殖监测分析、农村生活污水治理调查分析、黑臭水体排查整治分析、农用地面积和环境质量监测分析。综合应用卫星遥感、无人机、高清视频等技术对农村生态系统脆弱区和敏感区开展常态化、自动化监测。构建秸秆焚烧管控管理平台，加强对农作物秸秆焚烧火电监控监测。利用4G/5G、北斗卫星、云计算等技术构建林草生态网络感知系统。基于第三次全国国土调查成果数据和国土空间规划，建设林草资源"图库数"和林草资源云，纳入国土空间规划"一张图"。建设林草信息化示范区。

19. 加强农村人居环境数字化监管。建立农村人居环境问题在线受理机制，引导农村居民通过APP、小程序等方式参与人居环境网络监督。完善农村环境监测体系，选择重点和一般类监控村庄开展环境监测。综合应用无人机、高清视频、物联网等技术手段，对农村房屋、道路、河道、特色景观等公共生活空间进行监测，为维护村容村貌提供管理依据。建立农村供水工程数字管理平台，打造全国农村集中供水信息化管理"一张图"，提升千吨万人工程自动化监测覆盖率。

> **专栏 6**

生态和人居环境数字化管理提升工程

深化农村环境质量监测点位覆盖。明确农村环境监测范围，选择全国有代表性的 500 个重点监控村庄和 2500 个一般监控村庄，开展环境空气、地表水、土壤、生态质量监测，基本实现全国区县级农村环境质量监测点位全覆盖。

补齐农业面源污染监测短板。通过农业面源污染入水体量监测和小流域农业面源污染野外定位观测相结合，拓展全国农业面源污染监测范围。

加强农村地区饮用水重点监测。推进重点监管对象常规监测，开展农村千吨万人饮用水水源地水质、日处理能力 20 吨及以上的农村生活污水处理设施出水水质以及灌溉规模 10 万亩及以上的农田灌溉水水质监测，不断加强农村环境质量监测工作。

（七）公共服务效能提升行动

20. 深化乡村"互联网+教育"。继续夯实农村地区教育信息化基础，协同推进教育专网建设，加快推动农村地区学校数字校园建设，持续改善农村地区薄弱学校网络教学环境。完善互联互通、开放灵活、多级分布、覆盖全国、共治共享、协同服务的国家数字教育资源公共服务体系，优化国家中小学网络云平台，深化普及"三个课堂"应用，助力农村地区学校师生共享优质教育资源。深入开展农村教师信息技术应用能力培训，不断提高教师信息化教学能力和信息素养。面向农村重点群体开发涉农教学资源，开展各类涉农信息技术、农村电商、信息产品使用、劳务品牌等专题培训，促进农村劳动者就业创业。继续开展民族语文信息化研究工作，进一步推动现有民族语文信息化成果的规范管理。

21. 推进"互联网+医疗健康"。推进信息技术在乡村基本医疗和公共卫生服务中的融合应用，推动各地完善县域卫生健康信息平台，加强乡村医疗卫生机构信息化建设。建立覆盖县级医院的远程医疗专网，规范信息技术标准、通信资源、居民健康档案数据存储和使用规则。构建远程医疗协同体系，逐步实现医疗机构间电子病历、检查检验结果共享。推进全国统一的医保信息平台落地应用，推广医保电子凭证在农村地区全面应用，推动农村医保经办服务网上办理，实现医保政务服务"全程网办""一网通办"。稳步推进中医馆健康信息平台建设，提升中医药服务能力。

22. 完善农村社保与就业服务。稳步推进乡镇、村基层社保公共服务平台建设，同步推进社保服务事项下沉，充分依托村镇基层平台开展社保经办服务。推广电子社保卡普及应用，扩大便民服务终端覆盖范围，将就业、社保服务与农村普惠金融服务相结合，增强"就近办、线上办"能力。持续推进全国社保关系转移和待遇资格认证系统建设，依托国家社会保险公共服务平台，实现城乡居民养老保险关系转移网上办理。建立健全全国统一的农民工综合信息系统，加强农民工外出务工等形势分析。加强乡村公共就业服务信息化建设，依托"金保工程"和各地公共招聘网络渠道，面向农村居民提供就业信息服务。

23. 提升面向农村特殊人群的信息服务水平。加快推广应用全国社会救助信息系统，完善全国养老服务信息系统、全国儿童福利系统、残疾人两项补贴信息系统，加强农村留守老年人信息管理，简化农村"三留守"人员、残疾人补贴申请受理流程。依托全国低收入人口动态监测信息平台，加强全国低收入妇女信息管理。发展"互联网+助残"，推动残疾人基本公共服务项目纳入农村政务服务"一网通办"平台，推动社保卡等加载残疾人服务功能。引导面向老年人、残疾人等群体的各类应用开展适老化、无障碍化改造升级，加快推进无障碍产品和服务技术推广应用。加强对乡村特殊群体的法律援助。

24. 深化农村普惠金融服务。深入开展农村支付服务环境建设，推进移动支付便民工程在农村特色产业、农产品收购等领域的应用，创新助农服务模式。在有条件的地区逐步建立涉农信用信息平台，推动涉农信用信息集中整合，支持市县构建域内共享的涉农信用信息数据库。引导当地涉农金融机构提升农户建档评级和授信覆盖面。引导银行业金融机构在依法合规、风险可控前提下，基于大数据和特定场景进行自动化审批，提高信贷服务效率。鼓励保险机构探索利用互联网、卫星遥感、远程视频等技术，开展农业保险的线上承保理赔。

> 专栏 7

惠民便民服务提升工程

深入实施全国中小学教师信息技术应用能力提升工程。依托现有各类教育资源平台，开发集教师能力测评、学习资源精准推送、学习效果跟踪反馈为一体的功能应用，分层分类汇聚优质学习资源，供农村教师在内的所有教师自主选择使用，不断提高农村教师信息化教学能力和信息素养。扩大人工智能助推教师队伍建设试点行动，构建利用智能技术支持教师发展、优化教师管理的新模式。

开展县域远程医疗专网建设。建立县域一体化远程医疗服务平台，通过覆盖县级医院的远程医疗专网，集合远程会诊、远程培训、双向转诊、互联网诊疗等功能，支撑县域医疗共同体的整体运行和协同。县域远程医疗专网逐步与国家级、省级、地市级医院远程医疗系统联通。鼓励在县级医院统一建立互联网医院，有条件的地区可将互联网诊疗平台向乡镇卫生院和村卫生室延伸。

实施金融科技赋能乡村振兴示范工程。推动构建"线上线下打通、跨金融机构互通、金融与公共领域融通"的新型服务渠道，建立"一点多能、一网多用"的惠农综合服务平台，推出"惠农版""大字版""民族语言版"等智慧金融APP，提升农村居民金融服务普惠水平。加大供应链金融服务供给力度，实现金融服务对农业重点领域和关键环节的"精准滴灌"。加快金融与民生系统互通，建立健全农村金融标准规则体系和风险联防联控机制，全面提升"三农"资金与信息安全水平。

(八) 网络帮扶拓展深化行动

25. 巩固拓展脱贫攻坚成果。健全防止返贫动态监测和帮扶机制，依托防止返贫大数据监测平台，对脱贫不稳定户、边缘易致贫户，以及因病因灾因意外事故等刚性支出较大或收入大幅缩减导致基本生活出现严重困难户进行常态化监测帮扶。继续大力实施消费帮扶，支持脱贫地区探索消费帮扶新业态新模式，带动脱贫人口和农村低收入人口增收致富。鼓励中央单位在定点帮扶工作中推动数字乡村项目建设，加强基础设施建设、运营模式创新和利益联结覆盖。依托"万企兴万村"行动，引导民营企业积极参与数字乡村建设。

26. 做好网络帮扶与数字乡村建设有效衔接。支持脱贫地区因地制宜开展数字乡村建设，鼓励和动员社会力量积极参与数字乡村聚力行动。继续加大对脱贫地区信息基础设施建设力度。统筹推进脱贫地区县乡村三级物流体系建设，强化农村邮政体系作用，引导电商、快递、物流企业向中西部农村地区深入拓展。探索通过线上线下相结合的培训方式，着力提升脱贫地区农村人口的数字素养与技能。进一步拓宽网络公益渠道，加大公益项目网络筹资力度，开发面向脱贫地区和脱贫人口特别是青少年群体的公益捐赠、学业资助、创业扶持、就业促进、医疗救助、智志双扶、素质提升、社区服务、生态环保、妇女儿童保护与发展、扶弱助残等方面的公益项目。

三、保障措施

(一) 加强组织领导

建立健全各级数字乡村发展统筹协调机制，整合各部门数字乡村相关配套政策和资源，形成工作合力。整体规划数字乡村发展重点方向和年度工作要点，统筹推动解决数字乡村建设过程中跨部门、跨行业的重大问题。深入推进国家数字乡村试点工作，鼓励各地开展省级试点工作。

（二）加强政策支持

充分发挥财政资金引导作用，按规定统筹利用现有涉农政策与资金渠道，支持数字乡村重点项目建设。综合利用通信、公路、水利、电力等渠道资金，支持乡村信息基础设施建设和传统基础设施数字化改造升级。利用好生态保护修复资金支持智慧绿色乡村建设。通过中央支持地方公共文化服务体系建设补助资金等渠道支持国家公共数字文化建设。利用改善学校办学条件、推进"三个课堂"应用等渠道资金重点支持农村中小学信息化建设。加强金融服务对数字乡村基础设施、智慧农业、农村电商、乡村新业态等领域和新型农业经营主体的信贷、融资支持。

（三）加强人才支撑

瞄准数字乡村发展需求，引导高校合理设置农业智能装备工程、智慧农业等相关专业。鼓励涉农高校用生物技术、信息技术、工程技术等改造提升传统农科专业。持续派强用好驻村第一书记和工作队，充分发挥其在网络、信息、技术等方面的知识储备优势和派出单位的资源优势。鼓励和引导大中专毕业生、退伍军人、返乡就业人员等参与数字乡村建设。推动各地依托区域内高校、农业龙头企业等资源，培养实用型农村信息技术人才。积极开展农村创业、科技服务、生产经营、电商服务、劳务品牌等领域人才培训活动。

（四）加强指导监督

统筹推进数字乡村标准体系建设，制定出台数字乡村领域标准规范，持续完善数字乡村建设指南。建立数字乡村发展动态监测机制，加强实施过程管理和督促检查。建立数字乡村发展评价指标体系，开展数字乡村评价工作。

（五）加强安全保障

加强农业农村数据安全保护，落实涉农关键信息基础设施安全保护制度和网络安全等级保护制度，开展网络安全监督检查专项行动。继续强化农村地区电信广播电视设施安保工作，大力打击盗窃破坏电信广播电视设施的违法行为。依法打击涉农信贷、保险及网贷平台等领域中的互联网金融诈骗行为，做好互联网金融风险防范宣传工作。组织开展面向农村居民的网络安全教育培训，提升个人信息保护意识。

（六）加强宣传引导

充分利用融媒体、党建信息平台、"两微一端"、直播平台等渠道，宣传数字乡村建设政策措施和进展成效，讲好乡村振兴故事，为全面实施乡村振兴战略凝聚共识、汇聚力量。做好数字乡村发展行动相关公益广告制播工作，积极开展数字乡村建设交流活动，及时总结推广典型经验，营造全社会关注、参与数字乡村建设的浓厚氛围。